Aleksej Remizov
U ZATOČENJU

I0552665

REČ I MISAO
KNJIGA 463

Prevod i pogovor
SLAVKO LEBEDINSKI

CIP – Каталогизација у публикацији
Народна библиотека Србије, Београд

882-32

РЕМИЗОВ, Алексеј Михајлович
    U zatočenju : priče / Aleksej Remizov ; [prevod i pogovor Slavko Lebedinski]. – Beograd : Rad, 1996 (Beograd : Zuhra). – 96 str. ; 19 cm. – (Reč i misao ; knj. 463)

Prevod dela: Sočinenija / Aleksej Mihajlovič Remizov. – Tajna kaligrafije Alekseja Remizova: str. 91–93.

ISBN 86-09-00418-X

882.09-32
а) Ремизов, Алексеј Михајлович (1877–1957) – Проза
ID=49287436

ALEKSEJ REMIZOV

U ZATOČENJU

Priče

IZDAVAČKO PREDUZEĆE „RAD"
BEOGRAD

Naslov originala
Алексей Михайлович Ремизов
„СОЧИНЕНИЯ"
изд. „Сирий"
Петербург, 1910

KRATKE PRIČE

Lavu Šestovu

Preporučujući pažnji blagonaklonog čitaoca
moje zbrkane, pretrpane glupostima, priče,
smatram svojom obavezom da upozorim
da su one izišle ispod mog pera ne kao plod
uskovitlane mašte već kao spontani opis
noćnih zbivanja u koje me je vodio
moj vodič kroz noć – San.

Deo prvi

1

VEREJSKI TIGAR

Ja sam – tigar drevnog, zatrpanog pepelom, kamenog grada, rođen po volji Božjoj, duh moj je određen za patnju, po proročanstvu cara Davida. *Az esm do veka, vo veki i vek veka.* Ležao sam lenjo i udobno u *Letnjem vrtu* na stazici kraj dedice Krilova i blenuo u publiku. Šetača je bilo malo, smeh se nije čuo, tek pogdegde mrsko hihikanje. Većina je ozbiljno prolazila za svojim poslom, a posao koji je imao svaki prolaznik izgledao je tako važan, kao da od njegovog obavljanja zavisi maltene spas sveta. Videći leđa prolaznika samo sam po njihovim rečima i odjeku, koji su stizali do mene, mogao da zaključujem kako su izgledali i kakvo im je bilo lice.

Jarost me je digla na moje snažne noge, u besu sam skočio na *Kućerak Petra Velikog* i, zarivši pandže u drvo, počeo sam prekoravati i dokazivati tim varalicama da su varalice, da ne mogu da srede ni najmanju sitnicu budući da im je pogled zamućen i kratkovid, dušom im vlada bezvoljica, a lice im je zakrivljeno na stranu.

Razobličavajući spasioce počeo sam da meljem takve gluposti da mi se zamutilo pred očima, duša mi se raskvasila, a lice zakrivilo. I najednom, zahvaljujući nekom čudu, pretvorio sam se u pticu-pevačicu.

Tako sam glasno pevao da mi se činilo da na svetu nije bilo kutka u kojem se nije čula moja pesma. I zbog toga što su me svi slušali, i zbog toga što je upravo na mestu na suncu gde sam ja pevao bio spretno okačen kavez, i ja sam znao da će me uloviti i staviti u taj kavez, postalo je opasno i neugodno da dalje živim kao ptica. I evo, da bih se nekako spasao i ostao na slobodi, ja sam se, opustivši krila, poput kradljive lisice išunjao u najprljaviju, najodvratniju krčmetinu i nekako se proguravši kroz gomilu podgašenih i mortus pijanih gostiju, spustio za prvi stočić na koji sam naišao. Da bih odvratio pažnju od sebe zatražio sam najjače prosto vino.

Bez obzira na to što je bilo mnogo sveta i nije imao čovek gde da se obrne, ipak je neka Saša Timofejeva sela za moj sto i, obgrlivši me oko vrata, unosila mi se u lice.

– Mili moj, vodi me nekud! – dosađivala mi je, rskajući svojim žutim, kožnim remenom.

I dok se njeno lice tavne boje, sa ogromnim sivim očima bez zenica, približavalo mom licu, mreža kao paučina se odnekud sa plafona polagano ali nepogrešivo spuštala nada mnom. Osećao sam da se spušta svilena mreža za ptice. A kada su se oči moje dragane tako približile da su se stopila u jedno sivo oko, mreža je dotakla moje teme. I u taj isti čas oštra, tanka kuka zarila se u moje živo srce i, pošto se zabola u živo, jedva cimnula – i onda grubo i naslepo povukla me preko Saše Timofejeve, preko stola, naviše, prema plafonu.

2

MAJMUNI

Dovukli su nas sa svih krajeva sveta: iz Australije, iz Afrika i Južne Amerike, i ja, vođa šimpanza, opasan pojasom tkanim paperjem polarne patke, lupao sam glavu i čupao kosu, ne znajući kako da se oslobodimo lanaca, u koje su nam bile okovane ruke i noge, i pobegnemo u domovinu. Ali bilo je već kasno. Poteravši ledinom preko polja, poređali su nas kao vojnike na Marsovom polju i poklisari u zlatu, sa nojevim perjem na šeširu, razišavši se među redove, čitali su nam presudu.

Nas, majmune, optuživali su za potpuno razvratni-štvo, zlobu, džabalebaroštvo, pijanstvo i nepokolebljivo – zlonamerni lopovluk i, priznajući neobično blistave prirodne sposobnosti u razvoju i usavršavanju, presudi-li su da se na nas upotrebi tajno sredstvo profesora Bo-lonjskog univerziteta viteza Aljtenara – potomka vikin-ga Grenlanda, Islanda i Severnog ledenog okeana. Sa slepom materinskom ljubavlju i negodovanjem pratio sam kako je, posle svih lakrdijaških ceremonija, otpočela rasprava. Ti bogobojazni pametnjakovići, zarad zabave, probadali su nas obućarskim šilom i zatim tukli gvozdenim čekićima, a drugi su predivo mazali mekom i vrelom smolom i, uvaljavši konopac u smolu i pritegnuvši ga uz telo žrtve, cimali su ogrlinu slobodnih i snažnih konja, i vukli su po zemlji unesrećene, uz ciku i jauk, sve dok ne izdahnu, treći su im pomno probadali usne bakarnim pribadačama. I mnogo je toga još bilo urađeno, kao kroćenje, zarad zabave.

Kada se Marsovo polje ispunilo vriskom i jaukom, zemlja nabubrela od prolivene majmunske krvi, a kršteni i nekršteni ruski narod gotovo pukao i prepukao od smeha, dojezdio je na konju bakarne boje, kao vetar, konjanik, sav optočen u zelenu bronzu. Omča koja je bila visoko dignuta stegla me je za grlo i ja sam pao na kolena. I u mrtvoj tišini, drzovito gledajući strahobnog konjanika pred licem nepotrebne, omrznute, nezvane smrti, ja, vođa šimpanza Australije, Afrike i Južne Amerike, zakukurikao sam gordom konjaniku i omraženoj smrti triput, poput petla.

3

TEČNI LEPAK

Spremali su sobe – to je najnepodnošljivije vreme pred praznike koje može da se uporedi samo sa selidbom u drugi stan – spremali, trudili se. Sa plafona su četkama skidali garež i paučinu, prali prozore i prozorske daske i prihvatili se poda. A prljavštinu ne možeš – ni oprati, ni ostrugati. I od bosih nogu tragovi. Spremanjem je rukovodio nekakav meni nepoznat čovek, čupav, sa psećom njuškom. Taj isti čovek sa psećom njuškom, videvši da nema rezultata, uzeo je svoje četke za brisanje prašine i strugala, pljunuo i nestao.

Pošto sam ostao sam, tiho sam gvirnuo pod krevet. „Aha", pomislio sam, „evo gde se ono nalazi, to leglo prljavštine!" – i tako mi je postalo mučno i tako nisam želeo da se savijem – da tražim da raščistim tu prljavštinu pod krevetom, a da se sam ne uprljam. Skinuo sam sako i sve do košulje, uzeo tečni lepak, namazao sam se kako valja, legao na pod i počeo da se valjam.

4

ĐAVOLI

Ležao sam prikovan za železni krevet, i to nisam ležao u Obuhovki, već u grobu, dovukli su me, kao mrtvog, ne iz Spaskog policijskog rejona, već preko iz Pokrova, posle opela.

Srce mi se kida u komade! Ta zašto su majstori za mrtvačke sanduke tako pakosno sahranili mene – nisam im nikakvog zla počinio, bogami, ni mrava nisam zgazio, a ni pušku ne znam da držim u ruci. Ili je sva mjoja krivica u tome što mi je Jemelja poklonio svojih sedam dragocenih dana da laparam jezikom koliko mi se hoće?

Kada sam se zlopatio i mučio u tom žalosnom položaju, posetila su me tri đavola. Dvojica od njih bili su mi potpuno nepoznati: tihi, slabunjavi, ne znaš na čemu im se duša drži. A treći, mada je nastojao da mi zavara oči, odmah sam ga prepoznao po glasu: to je bio poštanski službenik desetog odeljenja Kiseljev.

Sva trojica đavola pravili su se spokojnim, umiljatim i bezazlenim; tankim, dečjim glasićem nešto su naivno i obično čavrljali nada mnom. Ali ja sam nekim čulom pojmio šta se krije u njihovim glavama: oni su odabrali i sada sigurno krenuli prema udovima i kičmi.

„A nećete me dobiti na tacni", rekao sam sebi, „nahraniću vas, vala, batinama!" – i, zapevši iz sve snage, oslobodio sam se gvozdenog kreveta i, bacivši se, na prepad, na đavole, počeo sam sa njima svojski da se obračunavam. Od jednog đavola ostao mi je u sećanju samo pramen kose, drugog sam ujeo za prst, a kada sam ja već trijumfovao, Kiseljev je zgrabio neku pogan u šaku, i nisam uspeo da se okrenem a on je uspeo da mi namaže usta. I počeo sam da se gušim.

5

IVAN GROZNI

Pravo i trkom, zaostajući i gurajući se, trčali smo Morosejkom na Crveni trg. Svi smo žurili prema *Lobnom mestu* da čujemo *Proglas*, o kojem su obavešavali na raskrsnicama i u ćorsokacima.

Na Spaskoj kuli sat je otpevao podne. Pristizalo je sve više naroda. Ali Lobno mesto bilo je prazno, i samo su se povremeno pojavljivali neki mališani koji su očas, na opšte zadovoljstvo i veselje, leteli glavačke.

Popeo sam se na krov *Vasilija Blaženog*, zahvaljujući poznaniku parketaru, i odatle sam mogao lepo da vidim svaku sitnicu.

Najzad, gomila je graknula, ustuknula, glave su se obnažile, a na Lobnom mestu se pojavio čovečuljak: imao je visoki okovratnik i smoking, a glava mu je bila vezana maramom, kao ženi.

– Jurodivi – pronelo se trgom od usta do usta – to je jurodivi.

Na Spaskoj kuli ponovo je propevao sat i pevao je dugo: trinaest puta.

– Sedite, gospodo – rekao je Jurodivi, klanjajući se na sve četiri strane: prema Kremlju, Zamoskorečju, Istorijskom muzeju i Rjadami.

11

Budući da sam sedeo, a nisam smeo da se oglušim, to sam se skvrčio kao da prisedam, a svi ostali, što su stajali dole, mada nije bilo sasma udobno, bez reči su posedali.

– Milostive gospođe i milostiva gospodo – zapevao je Jurodivi poznatim napevom – svi smo učili zapovedi i svako od nas zna da ih ima deset. Zar ih nije deset?

I u odgovor zabruja gomila, kao što broji *Voistinu voskrese* na Uskrs u crkvi.

– Pa, eto, gospodo – nastavio je istim tim napevom Jurodivi – a zapravo ih ima četrnaest, a ne deset. Očevi naši sakrili su od nas, ali i oni su bili mudri, pa smo svi mi čuvali odvajkada svih četrnaest.

– Čuvali – orila se gomila.

– A! eto, vidite! – propevao je Jurodivi – a sada je po proračunu Kugeljgejma fon Gustava kucnuo čas da ih objavimo u potpunosti i da počnemo da ih izvršavamo ne tajno, već otvoreno. Pažnja i zapisujte ih u srce, evo novih zapovesti:

11-te – Ne zevaj.

12-te – Jedi pirog sa gljivama, a jezik drži za zubima.

13-ta – Preljubu čini.

14-ta – Kradi.

Jurodivi je prasnuo u veseli smeh i tako je tresao glavom da mu je marama spuzala na vrat, i pred preneraženim narodom, zbunjenim, najednom se ukazale oči, i strašno je postalo lice cara Ivana.

Na Spaskoj kuli propevao je sat i pevao je dugo: četrnaest puta.

6

VEŠTICA

Dospeo sam u pustu kuću. Nameštaj uobičajen – stolovi, stolice, sve ima, ali kao da je dom nenastanjen. Nisam sam. Sa mnom je student P. u crnom studentskom kratkom kaputu, sa klin bradom i tamnim naočarima.

U početku nejasno, a zatim jasnije počinju da se, jedna za drugom, pomaljaju kao senke oko mene. To su nekakvi mali, gojazni švrćani. I meni biva strašno zbog njihovog prisustva u toj nenastanjenoj kući.

– Pogledaj kroz prozor – govori mi student, verovatno se dosetivši da mi je strašno u ovoj nenastanjenoj kući.

Prišao sam prozoru i pogledao. Prozor je gledao na vrt. Ali nekako se tako desilo da sam ja, protiv svoje volje, prestao da gledam napolje i moje su oči lutale po sobi. Od figura koje su se micale sada se izdvojila visoka žena sa detetom na rukama.

Pomislio sam:

„Ako je prekrstim, nestaće."

Prekrstio sam je gorljivo velikim krstom i jednom i dva puta, ali visoka žena, gledajući me u nedoumici, i da bi mi pokazala da sam pogrešio, i sama se prekrstila. Student je nestao. Krenuh ka vratima. Stao sam. Ne mogu. Nisam siguran, ne znam: a šta ako je u drugim sobama isto? I odjednom sam video drugu ženu. Ležala je u uglu na otomanu. Bila je malog rasta, nabijana, jako rumena, nos pljosnat, a usta sa donjom vilicom bezobrazno isturenom.

– Ne na ta – rekla je pripodignuvši se sa otomana i mahnula crvenim jorganom.

I u taj čas lice visoke žene sa detetom počelo je da se menja, dobijajući najodvratniji izraz: nos se izdužio – sasvim dugačak, preklopio usne, a oči, iskočivši iz svoje orbite, visile su kao dve kesice.

Ona sa otomana, rumena, pljosnatonosa, sa bezobrazno-isturenom donjom vilicom iznova, kako mahne jorganom i dete na rukama žene počne da se topi, telo postaje sve manje i manje, nestale su mu i ruke i noge, ostala mu je samo glava.

7

ODREZANI ŠEĆER

Skotrljao sam se sa strmog obronka u park. To je zabavni park *Majur*, izvan grada. Eno i kase. Prišao sam kasi da uzmem kartu. Pogledam u okance, a blagajnik poznat – Beljakov. Treba reći da sam sa Beljakovim imao jedan neprijatan slučaj i sve se zamrsilo: postao sam mu trn u oku.

Beljakov je pio čaj, grickajući komadić šećera, a drugi blagajnik ga je bištio po glavi.

„E pa – mislim – propao sam, bez batina se neću izvući, ubiće me."

– Pomor vaši! – govorim i vidim: Beljakov je pomodreo od besa, stisnuo u pesnicu komad odrezanog šećera, ustao i krenuo prema izlazu.

– Ubiću – jasno je odjeknulo u meni.

Čučnuo sam i tako sam postao mali i tanušan da sam se utisnuo u pukotinu ispod vrata, prestao da dišem, slušam.

Beljakov je malo prošetao oko kase i vratio se još bešnji.

– Nisam ga našao. Pokazaću ja njemu samo da ga se dočepam! – rekao je Beljakov drugom blagajniku pa nastaviše pretragu.

A mene kao da neko vreba: želim da ne dišem a ne mogu da se suzdržim i, kao za nesreću, jezik me zasvrbeo i ja, glupak, krenem da ga počešem i kinem.

Eto ti ga nâ Beljakova.

– A! tu li si! – pa kako zamahnu: komad šećera mi se tako pravo u slepoočnicu i zabo.

8

DAME DE NOËL

Veoma uska, veoma visoka soba bez prozora. Jedan mali fenjer osvetljava sobu. Nasred sobe krevet sa zavesom.

14

Obazrivo sam prišao krevetu, podigao jorgan i ustuknuo: na čaršavu je bilo nekoliko odvratnih insekata – to su nekakve nabubrele ljušture boje badema sa crnim pegicama na leđima.

„Evo do čega su dogurali" – i negodujući, otišao sam do vrata, da bih nekud otišao, pronašao nekog i osvetio se: znao sam čiji je krevet...

Na pragu je stajala nepoznata: bila je u belom, sa prebačenim velom, zlatna kruna na glavi i bela svetlost njenog šlepa padala joj je kraj nogu.

– Sutra je Božić – rekla je.

Sklonio sam se, praveći joj put.

– Nisi me poznao?

– Prvi put te vidim.

– Dame de Noël.

– Dame de Noël! – poskočio sam od radosti – i mi ćemo imati jelku, srebrnu kišu i zlatne orahe!

– Ni sam ne znaš šta moliš, a tako je bolje za nju...

– Jesu li na navijanje? – obradovao sam se, pomislivši o tim odvratnim insektima sa crnim pegama na leđima, koji su sedeli na krevetu iza zavese.

Dame de Noël već nije bilo, i ja sam stigao negde kod otvora u zidu i sedim, kao starac na pčelinjaku.

9

ZAMALO ME NISU POJELI

Imao sam dvanaest ostavica i dvanaest ključeva. Oteli su mi ih. Pokupio sam, na dvorištu, krpe. I njih su mi, takođe, oduzeli. Ključeve i krpe odneli su u ostavu. A Vlasov – moj nedavni sustanar, bez koga ne mogu nijedan korak da uradim – otišao je od mene.

Sasvim sam go, a svejedno me pljačkaju – oduzimaju poslednju kap krvi iz tela. Nekakva drhtavica me savlađuje. Molim da mi je ostave, ne boli mnogo. Ne slušaju me.

Bio sam bezočno opljačkan i znao sam da me neće ostaviti u životu, da će me oterati u grob i više nisam mogao da trpim: poslao sam Avdotju u Ligovku kod poznanika majstora za mrtvačke sanduke, po sanduk.

Moja se smrt približavala i svakog minuta mi je bilo jasno da će kroz nekoliko dana moje telo pojesti, sa hlebom, a kosti položiti u sanduk.

Nekako sam sišao sa stepenica i obratio se za pomoć vrataru. Molio sam vratara poslednjom snagom i poslednjom kapljom krvi da pošalje poštenim građanima saopštenje da dođu sutra da me sahrane, dok još nisam pojeden, sa hlebom.

I dok sam tako molio vratara i klanjao mu se do zemljice, sa zida je palo obaveštenje o skidanju kaljača, i najedared se iz zida, gde je visilo obaveštenje, pojavio Vlasov. Vrteći svoje bodljikave, žarne usne, verolomni Vlasov mi je dao ključeve, krpe i pšenično i ražano brašno za kuvanje gustog lepka.

10

POŽAR

Velika kuća. Koliko spratova – nisam brojao: mnogo. A oko kuće vrvi narod. Pritrčavam do kuće, ali zašto upravo ta kuća – ni sam ne znam. Znam: treba kako umem da se probijem u kuću. S mukom se probijam, stižem do vrata i upadam u sobu. Sobe su mi sve nepoznate. Prelazim iz jedne u drugu, nešto tražim i najednom vidim: mala soba kao kavez visi na prozoru, pa i ona, na plot izbija. Krenem tamo. Zaustavio sam se nasred sobe. Prepoznao sam, strašnu po uspomenama, sobu.

„I oboje netaknuti – obradovao sam se – sivi cvet sa crvenom žilicom na bledom polju, a evo tu je stajao moj sto... i od tog vremena sve je krenulo, bespovratno, naopako.“

16

I mada osim mene nikog nije bilo u sobi, obratio sam se nekom i sve sam pripitivao o tom bespovratnom: kako ga vratiti i kako ga zaboraviti.

– Požar! – čulo se sa dvorišta i s ulice i, prohujavši po praznim sobama, vratilo se – požar!

Osetio sam da mi je tesno, hladno i tužno. Neko je pevao u sobama. Sobe nisu izgledale prazne. I najednom je nešto vruće zapljusnulo – i moja soba je buknula.

I u vatri, meni je postalo veselo.

Pomislio sam:

„Samo da se probudim, pronaći ću ogromnu kuću, naći ću tu tesnu sobu i zapaliću je."

11

TATARIN

Peo sam se na kulu strmim, neobično uskim stepenicama. Govorili su mi da treba samo da stignem na poslednje odmorište i odande put već pravo vodi na nebo; tamo će na usluzi biti oblak u obliku čamca – *kajaka* – sedi u kajak i plovi kud ti je volja.

Penjem se, penjem, jedva noge dižem i strpljenje sam izgubio – čitava glava ko u mengelama, a svejedno sam zapeo i nekako stigao. I šta vi mislite, nikakvog oblaka-kajaka nema, a stoji na odmorištu Tatarin-starkelja, i ruke su njegove dugačke do same zemlje. Hteo sam već nazad – zapravo, šta je to? – a starkelja je svoje dugačke ruke podigao i mene uhvatio za okovratnik.

– Parazit si ti, odvratan, nećeš videti, ko ni uši svoje, ni oblake, o kojima si ti u knjigama iščitavao, ni ono što je tamo iza oblaka; pročisti sve pred svojim očima, koje u svemu vide samo gadost, a tada već – za milost molim.

17

Nisam uspeo ni da se usprotivim, ni da se opravdam kada je Tatarin-starkelja počeo polako da me spušta na zemlju. I kada sam već bio gotovo na zemlji, od iznenadnog udarca pao sam na nos i, ahnuvši, ljosnuo u topli izmet.

12

DVOJNIK

Tu noć sam se dugo prevrtao i nisam mogao da zaspim: čas mi je bilo hladno, čas kao da nekakve stenice skaču po meni. A kada je, najzad, došao san, našao sam se u prostranoj sobi. Ležao sam nauznak na krevetu. I čudno, ležeći tako na krevetu, ja sam, iz tog položaja, video sebe koji ležim, ali nekako ni nalik na samog sebe.

I upravo taj što nije nalikovao na mene, a bio ja, podigao se sa kreveta i krenuo uskim hodnikom u drugu sobu. Ali, ni maličak nije ličio na mene: bio je visok, oštrog lica, upalih obraza i grabljivog, orlovskog nosa, bio je ogrnut kratkim, svilenim, purpurnim plaštom, iznošenim i prilično olinjalim, a u očima mu je kipelo toliko zlobe, i to vatrene i oštre, da je bio dovoljan samo jedan pogled da bi čovek pao na licu mesta, kao muva. Prišao je krevetu, na kome je spavao neko umotan preko glave jorganom, i zajecavši od jarosne zlosti, koja je prevrhnula svu njegovu dušu, uhvatio je prstima čaršav i povukao; vukao je ispod spavača, pobrkavši nešto, kidajući srce na nepokorno, belo platno.

Moja divlja duša se pijanila, umirao sam od zlobe.

Ali tu se moj san prekinuo.

Ležao sam i nisam smeo da se pomaknem. U mojoj sobi, gde osim knjiga i igračaka nije bilo ničeg, neko je kreketao. A bila je noć.

13

KASAČ

Goreo je Peterburg. Na vatrogasnim kulama bilo je izvešeno: *zbor svih četa* – ali ništa se nije moglo uraditi. Goreo je Peterburg sa svih krajeva. Ja i još jedan čovek, česti saputnik mojih noćnih pustolovina, ostavivši kuću, došli smo u baraku. U baraci su nas odveli u ogromnu sobu i tad se pokazalo da nismo sami: zajedno s nama se našao jedan poznati ruski pesnik.

Gledali smo kroz prozor: ulica je bila preplavljena beguncima, i nekakve dame, natovarene koferima i žutim kutijama za šešire, vukle su se trotoarom, poput procesije. Svi su govorili da je požar strašan i da mu nema kraja. Mirisalo je na garež.

Mi smo, takođe, odlučili da otputujemo. Najmili smo kočijaša i utroje krenuli u Moskvu. U Moskvi, ne zaustavljajući se, otišli smo pravo u letnjikovac u Petrovskom parku. U letnjikovcu nismo nikog zatekli. Zatim se pojavio poznanik, glumac, i mi smo počeli da mu pričamo kako je u Peterburgu strašan požar, kako smo mi sedeli u barakama, kako miriše na gar i kako smo platili kočijašu *sedamdeset pet kopejki*.

– Konj će propasti – rekao je pesnik – zar ne? Prevaliti bez odmora dvadeset devet vrsta od Peterburga do Moskve, i sada nazad u Peterburg, još dvadeset devet vrsta, konj neće izdržati.

14

BAKARNI PETACI

Stajao sam na obali rečice i fotografskim aparatom slikao dva nosoroga. Nosorozi su – na drugoj strani, i s njima tri klipana. Klipani su ležali izpred njih i zaklanjali ih. Trudio sam se podosta vremena i nisam mogao da snimim nosoroge.

Vičem klipanima:

– Ej, vi, klipani, pređite na drugu stranu.

Klipani su poslušali, ušli su u vodu. A ja sam skinuo čizme i takođe bup u vodu, hteo sam da preplivam kod nosoroga. Plivao sam, plivao dok me nije zavrtelo. Dna nema, četiri gvozdena zida, a moje ruke su složene u krst. I vrti me, vrti. Evo, izveštio sam se, pokrenuo sam noge i izronio. Popnem se na stub od livenog gvožđa – na stubu rotkvice iz staklene bašte – seo sam na rotkvice i prosedeo sedam dana i noći, dok me nisu skinuli.

I otvorili su se gvozdeni zidovi. Tamo je bal, muzika, ples. A vir u kojem sam se vrteo – vatrostalni orman sa okruglim prozorčićem i podrumom. Zavučem se u podrum zbog bakarnih petaka – jedna vreća na drugoj, tamo, leži. Počeo sam da vadim iz vreća petake i da ih bacam u vodu, da bih znao da li je reka duboka. A petaci ne tonu; isplivavaju ne petaci, već crvene kutijice. Počeo sam da hvatam crvene kutijice.

A mene prekorevaju:

– Šta će ti ove bušne kutijice.

Znam da mi kutijice nisu ni zbog čega potrebne, a ipak ih hvatam: bacim petak a izvučem crvenu kutijicu.

– Pravim kolekciju – govorim kao krivac i od jarosti počinjem da pljujem klipane.

Pljujem ja, pljujem, dok nisam samog sebe, od glave do pete, ispljuvao.

15

CVET

Presađivao sam moj omiljeni cvet. Jedva jedvice sam se odvažio. I onako sam kriv pred njima – poslu nikad kraja i ako travu ne opleviš na vreme – evo kakvo je žbunje! Sve poslove: čas jedne, čas druge – ne stižeš. *U tome je i život što ne stižeš!* – čuo sam od nekog. Pa, Bog s tobom, neka i ne stižeš, na zdravlje! Izvrnuo sam iz vrča zemlju, pažljivo uhvatio cvet za stablo i, zagledajući u njega, primetio sam kod korena, gde je on uvezan u čvor, da sede mali crvi. I samo što sam pružio ruku za crvom, kako se najedared crv pretvori u zmijicu, a zmijica, ne trenuvši, u zmiju. Tad su od straha počela da mi se tresu kolena i ja tup cvet u polje, hoću da bežim, ali noge ne slušaju, i ne mogu da vičem.

Ogromni, strašni, prstenasti zmaj *Aspid* razjapio je svoje ždrelo nada mnom i, dodirnuvši svojim žarnim jezikom moj hladni nos, odjednom se pretvorio u zubatu ribetinu.

– Gospode, pa to je Ehinija!

A Ehinija nije Aspida. Bez mnogo razmišljanja, rasklopi svoje ralje – jao! – poklopce. Samo što sam uspeo da se uhvatim za džep, hopla unutra – ajd, seti se kako se zovem!

16

GVOZDENI CAR

Naša Soforovna je starica, stara devojka. A ja kao ulazim u kuhinju i molim Soforovnu da kupi mleka i čokolade, i vidim da na Soforovninom krevetu leži starac – gadan neki starac sa kovrdžama – muž Soforovne.

– Ne idem ja po čokoladu – govori muž Sofronovne – a i zašto bih!

„Viš kakav nitkov, mislim za sebe, niko te i ne moli da ideš!"

A Soforovna već tupka na stepeništu, nosi mleko, čokoladu i... voblu.

Ugledao sam voblu, govorim Soforovnoj:

– Što si voblu donela, odnesi je nazad.

A starčić – muž Soforovne gleda me zlobno: lice mu je zeleno do bledila, koža mrzla, a na vršku nosa crvena pegica.

Ulazi naš stari prijatelj književnik F., zbog koga smo i kupovali čokoladu.

– Idemo – govori F. – na trg kod Sovjeta, tamo se skuplja ceo Peterburg.

Krenuo sam. I evo kao stojimo F. i ja na trgu kod spomenika. Spomenik je velik i visok: visoko odmorište sa stepenicama, naokolo ograda i po sredini u svoj veličini gvozdeni car, a na njegovim slabinama po tri gvozdena stražara. I odjednom vidim da se gvozdena figura cara pokreće, i gvozdeni stražari se pomiču; u zaprepašćenju kažem:

– Miče se! Miče se!

A on, gvozdeni, već se pomeri s mesta i ide. On, gvozdeni, ide stepenicama, a za njim, u vrsti, gvozdeni stražari.

I čujem kako sa raznih krajeva trga, prepunog naroda, žagore:

– Car ide!

– On se pokreće samo uoči nesreće!

– Nesreća nad Peterburgom!

Gvozdeni car sišao je sa stepenica i, kada je kročio na poslednju stepenicu, od gvozdenog postao je čovek, isti onakav kao na *Krjugerovljevom* portretu: visok, iskolačenih očiju, samo je kosa svetla i nakovrdžana. I stražari su od gvozdenih postali živi – stari, čekinjavi vojnici.

Car se obratio narodu:

– Gospodo – rekao je car – hteo sam da vam kažem: sada su se u stanu slikara B. sakupili svi koji su talentovani i kulturni u Rusiji.

– Talentovani!! Kulturni?! – zasmejao se podsmešljivo moj saputnik.

– Tiše – govorim mu – šta to radite, ta to je zbog vas...

22

I u tom času čujem kako me je neko iz gomile pozvao po imenu. Ostavim mog prijatelja, izvučem se iz gomile i vidim stoji starac – muž Soforovne. Još je odvratniji u sivoj, mekoj košulji, opasan crvenim kaišem; do zeleni bled i sa mrzlim nosom na čijem je vršku crvena pegica, on pruža obe ruke prema meni:

– Ljubi!

I gledajući s odvratnošću na njegove, do zelenog, bele ruke, pomislio sam: „Evo, zato što sam tako gord, evo on, odvratan starac hoće da se ponizim i poljubim njegovu odvratnu ruku sa burmom!" I stisnuvši zube, poljubio sam odvratnu ruku sa burmom.

A starac, kao da se trgnuo, izmaknuo je ruke.

17

CRVENI KUPUS

Stojim na obali reke u gomili sveta. Neko kaže da je to narod koji je sišao sa freske, koja predstavlja *Strašni sud* u Soljvičegodskoj sabornoj crkvi Blagovesti, i da je reka Dunav, Safat i još neka, nisam mogao da čujem naziv zato što su svi govorili na tarabarskom jeziku.

Svi smo nešto čekali i veoma smo se uzbuđivali. Nisam mogao da mirno stojim i svaki čas sam pritrčavao čas jednom, čas drugom:

– Hoće li skoro?

Ali, umesto odgovora, pokazali su mi na neku tamnu masu, koja se kretala iz pravca šume.

Na samoj obali, gotovo ponad rekom, nalazio se ograđen prostor. Tamo su stajale dve bačve. Na bačve je stavljena daska. Primakao sam se ogradi i pošto sam se udobno smestio, počeo sam da zagledam u tamnu masu koja se kretala.

I pomalo su počele da se ocrtavaju čudne figure. Ispred svih jaše na volu ceremonijal-majstor – značajan

23

velikodostojnik sa braon bradom u zlatnom kaftanu, u njegovim rukama je sijalo zlatno žezlo. Za ceremonijal-majstorom išle su dve po dve dame u dugačkoj, beloj odeći, bose. A iza svakog para išle su sluge, noseći po dve stolice na sklapanje i lepezu. Najzad se pojavio car, pod baldahinom. Kralj je bio u plavom, kao reka, plaštu, posutom srebrnim zvezdama, na rukama je imao bele, viteške rukavice, lice crno, crnačko, a nos u obliku srebrnog srpa.

Moj sused, po profesiji mađioničar, sa riđom, prašnjavom perikom, frknuvši, reče na ruskom:

– Taj kralj, Napoleon, ima lažan nos! – i najedared je pao mrtav.

I video sam kako su u gomili mnogi pali mrtvi, mora da su bili kažnjeni za svoje bogohulstvo. Sada se ko zna zašto ispostavilo da to nije sasvim običan kralj.

Povorka se približavala. Razgledao sam vitkog, belog dvorjanina. Prateći kralja, mladi dvorjanin je izdavao naređenja. Zatim su, opet, dolazile dame i sluge, a za slugama su se truckale seljačke taljige, do vrha napunjene crvenim kupusom.

Sve oči su bile uperene u kralja. Kralj je išao prama obali, u ograđeni prostor. I tad sam se dosetio da je njegovo lice pokriveno maskom, a taj vitki dvorjanin nije živo biće, već – *automat.*

Međutim, sluge su složile baldahin, rasklopile stolice. Bele dame, zadignuvši suknje, sele su i, mlatarajući bosim nogama, zamrmljale molitvu. Kralj se poklonio reci i, pozvavši automat, seo je sa automatom na dasku, koja je stavljena na bačve, ali tako da je sredina ostala slobodna.

Svi smo viknuli ura i vikali smo sve dok ceremonijal-majstor sa braon bradom, u zlatnom kaftanu, nije žezlom dao znak. Zavladala je mrtva tišina.

– Šta si rekao – kaza kralj, obraćajući se automatu – kao da će se ta klupa slomiti, a vidiš: sedimo obojica na njoj, a ona je cela.

Kraljev glas je bio tako mladalački i jak i čaroban dà je svako od nas poskočio od tog glasa, i svako od nas je osećao mladost, snagu i čarobnost. Bili smo spremni da umremo za kralja.

Dame su viknule ura.

– Imperatore, ne sediš kako treba. Sedi na sredinu! – rekao je automat kralju i, ustavši, otišao je do ograde, gde sam se ja dobro smestio.

Ne izdržavši, pipnuo sam automat. Nešto metalno hladno dotaklo je moje ruke, i ja sam se mahinalno trgnuo, osećajući stres kao od struje. Kralj se podigao. Doveo je u red plašt. Kralj se spustio na sredinu klupe. I samo što je takao klupu, daska se prelomila, i on je odleteo u reku.

Dame su zaplakale. Mi smo viknuli ura i počeli da ljubimo automat i, bacajući ga uvis, zajedno sa njim, bacali smo i crveni kupus.

18

SVETLI I DEVOJČICA U TRALJAMA

Stajao sam nasred sobe sa zasvođenim stropom i gledao kroz prozor u vrt. Gledao sam u zeleni od prolećnog zelenila, vrt. I najednom me je neko, s leđa, obgrlio. Okrenuo sam glavu i premro: tako je neobično bilo moje osećanje. Taj, što me je obgrlio, gledao me je u početku s prekorom, ali zatim krotko i zaljubljeno. Njegovo lice bilo je ozareno, i oči su svetlele; bio je veoma mlad, a znao je neuporedivo više od mene – meni se činilo da ja znam veoma mnogo. On nije spuštao svoje ruke. I, gledajući u njega, mislio sam:

„Kad bi uvek njegove ruke ležale na mojim ramenima! Kad bi on uvek bio sa mnom!"

25

I spazio sam u uglu sobe malu devojčicu u traljama: ona je, u suzama, pružala svoje mršave ručice prema meni. Njega više nije bilo.

Nagnuo sam se prema devojčici, zvao Svetlog i žao mi je bilo što je otišao od mene; znao sam da devojčica u traljama nije kriva zbog toga. Ona je prestala da plače i osmehnula se.

A napolju je počela kiša – prolećna, prva kišica.

19

ŽANDARMI I POKOJNICI

Preda mnom se stvorila crna njuška, dlakava, sa belim, dugačkim zubima, namignula mi i skrila se.

Bio sam u staroj kući u Moskvi u Tolmačevskoj uličici, u sobi gde sam se rodio. Mala devojčica, otvorivši album, pokazivala mi je sasušeno cveće i o svakom cvetu se raspitivala: da li sam ga prepoznao ili ne? Ne stižem da odgovorim, umesto mene neko odgovara.

– A evo ovi cvetovi su od Jude, ti si ih prepoznao? – pita devojčica.

A ja više nisam u sobi, već u štenari i vičem iz sveg glasa. Navikao sam se do mile volje i opet se stvorio u sobi. Na stolu je sve spremno za ručak. Seo sam za sto i zadremao.

I meni se u snu prisnilo kao da sa cvećem u rukama ulaze u kuću tri žandarma.

Tad sam se probudio i počeo da ručam. I nisam uspeo zalogaj ni da progutam, vrata se otvaraju i ulaze tri žandarma.

– Sad sam vas u snu video – govorim žandarmima – a gde je cveće, nestalo?

– Pas je pojeo – odgovaraju žandarmi i oblizuju se kao psi.

Nekakav grbavac u civilnom odelu, bogzna odakle se stvorio, seo je kraj mene. Uopšte mi se nije sviđao.

26

Čak sam hteo da ga udarim, ali ne znam zašto sam odustao.

Vezavši sebi salvetu grbavac govori, ne skidajući pogled sa mene:

– Vaša tačka optužbe: vi ste, prebacujući se preko reke, objasnili prirodno poreklo svojih roditelja.

Slušam i iznenađen sam:

– Ništa slično nisam nikom objašnjavao.

– Neko je prisluškivao: uzeo i zapisao vaše misli – nastavlja grbavac i kotrlja loptice od crnog hleba.

– Ma ništa slično! – odmahujem sa obe ruke i, čujem, kao na javi, dadilju Irinu kako mete patos u susednoj sobi i sprema; mislim:

„Šta je to: san, ili stvarno sedi preda mnom grbavac i okrivljuje me, bogzna zašto?"

– A odavno sam hteo da se sa vama upoznam – govori mi poznati ruski pisac, koji je nedavno umro, a koga sam stigao na pustoj ulici: išao je s nekim dečakom.

– Gde sada živite? – odgovara pisac – u kući Gruzinske crkve na Voroncovom polju: crkva je na brdu, a moja je kuća ispod brda, međ' čičkovima, na pustom mestu.

Hteo sam da pitam da li piše i o čemu piše, ali on je već nestao, a i ja sam se našao u pustoj crkvi, nasred koje na kamenim pločama, jedan do drugog leže pokojnici.

Počeo sam da zagledam u lica pokojnika i uskoro sam primetio da se jedan od njih – mada je takav pokojnik posve pravi – pokreće. I odjednom je pokojnik ustao i stao kraj carskih vrata.

Gledali smo jedan drugog. Bio je go, noge su mu bile izmazane katranom, a nalik na pravi *Somovljev* crtež iz knjige priključenija *Eme Lebefa*.

A stara naša dadilja Irina, već na javi, jednako mete patos i sprema. I mačor Dimka – moj ljubimac, trlja se o moje rame i mjauče.

20

FINALE

Avaj! – ja sam precrkao. Opkoljen sam voćem i cvećem, usred jabuka, kajsija, breskvi, dunja, limuna, kruški i pomorandži, ležao sam mrtav u ostavi i čekao svoj poslednji udes.

Car te zemlje, gde se sa mnom desio skandal, bio je unuk cara Saltana – car Avenir – Ćuran da kazni onog koga svrbi jezik i ko govori gluposti da me pojede – krepalog pacova.

I evo našli su lakrdijaša, koga su uhvatili na nekom kostimiranom balu, i poslali kod mene u ostavu, da me pojede. I lakrdijaš, osmehujući se, pojavio se kod mene u ostavi i dotakavši me vrhom svojih oštronosih čizama, rekao...

Ali to što je on rekao i na čemu se sve završilo, da li me je pojeo, ili se polakomio na voće, koliko god da sam se trudio nisam mogao da ustanovim u mojoj kokošjoj pameti, i makar me ubili, ničeg se ne sećam, zbog čega vas i molim za duboko izvinjenje.

Deo drugi

1

GUSKE I LABUDI

Srušio se železnički most. Naš vagon je pao u reku. Nekim čudom ostao sam nepovređen, i već ne mogu da kažem kako se to desilo, samo ja sam se našao na obali, i to sasvim kao da sam od majke rođen. Bilo mi je nezgodno, pomislio sam da od cveća napravim ašu, sakupljam cveće, a na reci, daleko – daleko, vidim, promiče čamac. I evo gipko i jedva se ljuljajući počela je zemlja da mi izmiče, i ubrzo sam se dosetio da ja letim.

Leteo sam nad rekom.

A jutro je bilo tako čudesno, pa i leteo bih čitav vek, a rekom sve vreme plivaju guske i labudi, guske i labudi.

2

VUK JE POJEO

Poslali su me u šumu po orahe.

– Idi – rekli su – sakupi nam oraha, mnogo.

Evo idem kroz šumu, razgledam, jako je nezgodno, samo se spotičem, i nema ni jednog oraha. Najzad sam naišao na jedan, ali nijedan nije zreo, sve zeleni.

„Svejedno, poneću im makar zelene, kad su ih se toliko zaželeli...“

Savijem granu, hoću da otkinem, a iz žbuna, tap, vuk na mene. Vidim, ne valja, i kažem:

– A šta, vuče, zar hoćeš da me pojedeš?!

A on kao ćuti. I opet ja njemu.

– Poštedi me – govorim – mrki, još ću ti ja valjati.

A za sebe mislim: za šta ja mogu da mu valjam? I dok razmišljam... vuk me pojeo.

3

NE MOGU DA ODEM

Nad glavom jako visoko drvo, škripi, sad će se srušiti. A ja stojim kraj drveta, kao da sam za mesto prikovan.

Drvo strašno škripi, lišće se osipa, a tamo da l' zbog vatre, il' već sam od sebe, kao pred pad, trese se sam vršak. A ja ni makac.

Škripi drvo, škripi, krši se, pada, smrviće me... A ne mogu da odem.

4

VRATA

Ona mi je rekla:

– Ova smo vrata uzeli sa sobom, nismo smeli da ih ostavimo u staroj kući. Ti znaš kako su nam ona draga.

Tiho sam pritvorio vrata i ušao u moju sobu. Stara vrata od livenog gvožđa lako su se otvorila, na nevidljivim šarkama, lako i čvrsto su se zatvorila za mnom. Uhvatio sam za ručku na vratima, povukao iz sve snage, ali dveri se nisu ni makle. I počeo sam da bubam i udaram pesnicama i zovem. I kad sam malaksao, pao sam kraj praga i čuo samo kako lupa njeno srce iza starih vrata od livenog gvožđa.

5

LJULJAŠKA

Prešao sam preko uskog, drmusavog mostića, od ste-
ne do stene, iznad provalije. A kročiti sa mostića pravo
na obalu je nemoguće: treba ili preskočiti – tako je ura-
dio moj saputnik, on je već stajao na obali, pružajući mi
ruke – ili stati na gredu, na tanku daščicu, pričvršćenu
kanapima za neki ekser negde u oblacima, a od gredice
je korak – i obala. Tako sam i hteo da uradim.

Kročio sam na gredicu, i samo što sam uspeo da
uhvatim za ruku mog saputnika, kada se prečka zaljulja-
la, uzljuljala i krenula gore-dole, više i više.

Leteo sam na rajskoj ljuljašci, i moj saputnik je leteo
zajedno sa mnom.

Ljuljali smo se nad bezdnom.

Zamiralo je srce, kratio se dah.

6

KAJZERICA

Tiha jesenja kiša sijala je u gustoj magli. Ne znam
kuda idem, zašto i šta me tera da idem? Dugo se šetam i,
najzad, zaustavljam se kod gradskih vrata. Stražari ćutke
otvaraju vrata, i ja se nalazim u uskoj ulici među dva vi-
soka kućna zida. Neki muškarci i žene, na čijim glava-
ma su korpe s hlebom, kreću se prema meni. Pošto sam
se poravnao sa tom čudnom povorkom, zaustavio sam
jednog i rekao:

– Daj mi kajzericu.

I dali su mi. Ne znam da li da jedem kajzericu, ili da
je stavim u džep i odnesem kući, i uopšte to: kuda zapra-
vo idem?

– Pustili su životinje! Pustili su životinje! – vikao je
neki čovek, trčeći pored mene, a krpe od crvene, podera-

ne košulje vijorile su se iza njegovih ramena poput crvenih krila.

Sve prolaznike je uhvatio takav strah i svi koji su bili u mojoj blizini, pobacali su korpe sa hlebom i nadali se u beg.

A taj očajni krik... da, sada je jasno, to je bio moj krik.

Životinje, jedva primetne, brzo su rasle, nadirale. Crno i pepeljastosivo krzno na njihovim leđima bilo je narogušeno, i drečeći žute pege na trbuhu blistale su se, prelivajući se poput masnoće. I stajao sam sâm, okružen sa svih strana crvenim, zinutim raljama. Jezici su se u njima šetali kao klatna.

– Ete vam, zveri, kajzerica!

I samo što sam rekao *ete, vam, zveri, kajzerica*, sve zveri su do poslednje, i velike, i male, sive i crne, jednouhe i jednozube, rogate i šute, povile šape i zakunjale.

7

KOD GOLAĆA

Dopao sam u kružok golaća: išli su bez ičeg na sebi.

„Nije baš zgodno ovim nesrećnicima", pomislio sam gledajući mršave, debele, kvrgave, koščate, bezobrazne figure.

– Da, bilo bi nezgodno kad bi se mi odjednom svi obukli – rekao mi je jedan golać, očigledno, uhvativši moje misli.

– A zar je tako zazorno u odeći?

– Zazorno, nezazorno...

– Kakvi ste vi svi nakaze – prekinuo sam.

– Aa, nakaze, kupi se odavde dok si čitav – naljuti se na mene drugi golać.

– Vatru ugasiti smatra se velikim grehom. Samo mi za to nismo krivi, gole u vatrogasnu četu ne primaju.

– Ja takođe neću u vatrogasce – složio sam se i, odmaknuvši se na stranu, skinuo sam čizme.

8

POD VODOM

Podigla se bura na moru, a ja sam seo u čamac zato što je moj saputnik bio neustrašivi veslač. Ali kad smo stigli do dubokog mesta, moj veslač je složio vesla i, podsmešljivo me gledajući u oči, podigao se i uhvatio me za okovratnik, kao mačku, i bacio u vodu. Proleteo sam sve podvodne slojeve — zeleni, mutni, crni, gusto-crni, i opet — mutni, zeleni, i ponovo sam se našao u čamcu. I mi plovimo kao da ništa nije bilo, ali dolazimo do neke tačke, i moj veslač slaže vesla i ponavlja se sve ispočetka. I čini se da nema kraja, bez predaha — zeleni, mutni, crni, gusto-crni.

9

U NOVOM STANU

Prelazimo u novi stan: ja i moj prijatelj — stari čudak, koji je samo to i radio u životu, menjao stanove, dok ga smrt nije stavila u poslednji, odakle je taško bilo preseliti se. Stvari smo imali mnogo — puna kola, a konj je bio sićušan, jedva vuče, tako nekakav zekan. Jedva jedvice smo ipak stigli do kuće. I samo što smo ušli na vrata, kola su se prevalila na stranu, a zekan je podvio noge pod sebe i postao mačka; mačka mjauče i taj čas trk pod mostić. Moj prijatelj za njom, traži je — traži.

— Uhvatio sam je! — viče i izvlači.

A kad je izvukao, gledam: umesto mačke, lopta i daska.

— Eto, sad ćemo, znači da se loptamo! — obradovao se čudak i, kao što je bivalo u detinjstvu, počeo je po dvorištu da skače i loptu baca.

A ja sam prevlačio stvari u kuću, razmeštao ih, naložio peć, pristavio samovar, oprao ruke i seo na hoklicu da predahnem. Ulazi prijatelj, sav izbezumljen, seda kraj mene, plače:

– Ne mogu – govori, navikao sam na našu staru kuću, a loptu je mačka pojela.

Ustao je i izašao.

Otvorio sam prozor, gledam, a on je već na kolima, ošinuo je zekana i poleteo iz sve snage – zviždi i bičuje.

10

MOJE CVEĆE

Prolazio sam poljem nasred rascvetale njive. Pevaju ševe a sa pokošenog polja dopire miris svežeg sena. Sreo sam dve žene, nosile su korpu poljskog cveća, a u cveću je sedela devojčica.

– Kuda idete? – pitao sam žene.

– Idemo cveće da beremo – odgovorile su žene sa korpom.

Krenuo sam za njima. Išle su ćutećki. I ćutke su stigle do jezera.

– Eno tvoje cveće! – zasmejale su se žene, pokazujući na jezero.

I ja sam sâm stao na obalu, a nikakvog cveća nije bilo na jezeru. I praznih ruku krenuo sam kući. Njiva se ugibala od cveća, i pevala je ševa. I najednom sam video u vlatima tu istu devojčicu, koju su nosile žene u korpi. Ona se bacila ka meni, rukama me obgrlila oko vrata i tiho rekla na uvo:

– Uzmi me sa sobom!

Uzeo sam devojčicu na krkače, ali ni korak nisam učinio kako se naokolo sve stamnilo, namakli su se oblaci i samo je nad glavom, poput levka, trčkala zelena svetlost. A sa zemlje su poletele nakakve čudne ptice sa zmijskim repom, i sve je letelo tamo prema toj svetlosti

34

koju sanjamo. Ptica je bilo veoma mnogo; nisu graktale, već, kao neme, mumlale i uskoro su svojim repovima zaklonile svetlost. Ugasila se svetlost, umukle su ptice. I usred noći sam opet čuo odnekud iz strašne daljine glas devojčice.

– Uzmi me sa sobom!

A ja već ni sam ne znam kuda ću da se denem.

11

ŽABA U RUKAVICAMA

Skrivao sam se u brodskoj kajiti, ali oni što su me tražili, zahvaljujući nekom pasjem njuhu, pronašli su me. Svi su oni imali ljudska lica, a telo žabe i na rukama rukavice. Pošto su bili veoma uglađeni i ljubazni, nisu me ubili, kao prosti razbojnici, već kao umiljavajući se, davili su me svojim žabljim škembetom i istiha zavlačeći svoje prste pod košulju, kao milujući me, pritiskali su mi srce.

Na prozoru je sedela čavka i čavkala. Znam da je čavkala. Ona će sade uleteti u sobu, sešće mi na rame i počeće da mi kljuca oči.

– Čavko – molim moju crnu gošću – poštedi mi oči. Ja ću ti oko vrata staviti nisku od perli, daću ti moje ruke, levu i desnu, samo mi ne diraj oči!

12

·GIMNASTIKA

Klizeći rukama po krovnom vencu i pustivši noge dole, u vazduhu, pomerao sam se po beskrajnom, drvenom krovu neke visoke zgrade. Sunčana svetlost me je udarala pravo u oči. Pod rukom se odlomilo gnjilo. Ruka se okliznu. I hteo sam da padnem, ko zna, da bude kraj! Ali ja se pomeram. Promiče drveće, reke, rečice, grad.

13

POL

Svi kažu da mi idemo na pol.

Doista, mi plovimo nekakvom rečicom, i moj saputnik rošav, umotan u plavi stolnjak, upravlja veslima. Kako je došlo do toga da mi dođemo na pol. Na polu stoji velika, kamena kuća, a okolo kuće gomila sveta, i svi trčkaraju i o nečem se prepiru.

– Šta se desilo? – pitam pocepanog, zamašćenog momka, koji je ljuštio semenke.

– Traže lopova na prolaznom tavanu, ceo tavan su prekopali sedam nastojnika a našli su, sve u svemu, samo stari sako. Sada trojica sede tamo, stražare.

„Propade naš veš", pomislio sam.

– Izvolite u *emajlirane* sobe! – rekao je momak i zasmejao se.

14

NE PENJI SE!

Zavukao sam se pod ogromnu kuću, koja se gradi. Kuću su gradili na taj način što cela građevina, mada je visila u vazduhu, nije padala samo zato što ju je debelo uže učvrstilo za temelj, sjedinjujući je sa zemljom. Podvukao sam se sa sekirom u ruci pod tu ogromnu kuću i, namestivši se upravo u centru kod užeta, udario sam sekirom, i udarao iz sve snage. I kada mi se činilo da treba još jedan udarac i da se kuća sruši... neko je odozgo pljunuo na mene.

36

15

U CRKVI

Ja i moj brat ušli smo u crkvu. Bila je večernja služba. Ikona nije bilo. Mora da je crkva bila renovirana. Na praznom ikonostasu sa strane svetlio se zlatni krug. Ispred tog kruga stajao je sveštenik u epitrahilju. Pevao je đakon. Nikog, osim nas, nije bilo. I nama je bilo neprijatno što nikoga, osim nas, nije bilo. Večernja služba se završila. Prišli smo svešteniku da nas blagoslovi. Iza oltara izađe đakon i reče bratu.

– Vi imate sve što treba da rastete, a vi – obratio se meni – nemate ništa.

Pomislio sam:

„Doista, brat je bio u – mornarskom kaputiću. Kad bi on nosio kaputić, uvek bi išao u visinu, a ja – ne."

I premro sam od straha: tik preda mnom stajao je čovek, koji mi je, to sam osećao, smišljao nešto loše. Bacio sam se kroz prozor. Mislim:

„Zašto se brat druži sa takvima?"

A u kuću, u kojoj sam se stvorio, ulazi moj poznanik – hromi – i daje mi obućarsko šilo:

„Evo sa čim se spremao da me ubode!"

Sedeli smo u čamcu i, zviždeći poput slavuja, počeli da se otiskujemo. Stvorio se nekakav dečak, skočio je kod nas, i polako je počeo da tone čamac, ka dnu.

16

KNJIGOVODSTVO

Približio sam se vozu koji je stajao daleko izvan grada u polju. Prošao sam sve vagone i zaustavio se kod poslednjeg, skinuo sam se i hoću da se kupam. I odjednom voz krenu, i hukćući poče da ubrzava. Potrčao sam za njim, hteo sam da ga stignem, ali on je ubrzavao i

37

udaljavao se u dubinu polja. A tad su mi prišli nekakvi obrijani ljudi i vele:

– Evo ti karte, računaj!

Karata je bilo čitava gomila, i trebalo je sve preračunati i poređati po brojevima. Počeo sam da računam i da ih ređam. Kad sam došao do poslednjeg, opet su se pojavili obrijani ljudi i doneli novu gomilu, a ja sam iznova počeo da prebrajam i raspoređujem. I svaki put kad sam stizao do poslednjeg dolazili su obrijani, donosili nove i nove karte, a ja sam brojao – đavo da ih nosi sve skupa!

17

KUDRAVKO

Ležim u praznoj sobi i osećam da se neko pridiže pod mojim krevetom, okreće i utihne. Naćuljio sam se, čujem: škripnule su šape. I onda je nešto kudravo puzilo po patosu i mora biti da je stomakom naletelo na moje čizme, zagunđalo, odmorilo se i nastavilo da puzi.

Ležeći nisam se ni mrdnuo. Znao sam da je ono blizu, da će evo obići stolicu, naciljati i skočiti na mene.

18

MIŠ

U kući su se zapatili miševi, i šmickaju. Jednog sam iznenadio i uhvatio za rep. A on aaap! – i gricnu me za prst.

Na tom mestu gde me ugrizao nikla je dugačka vlas. Ispustio sam miša, on je tresnuo o patos. Sedi, i ni makac.

– Treba obazrivo sa njima, a i kako drukčije? Treba nežno! – oglasi se neko ispod patosa.

I uzeo sam ga tiho za šapicu; pomilovao sam miša, a on se već našao na mom vratu, ušiljio njušku, mrda brcima.

19

MAKARONI

Stojimo na ivici kratera. Dugonja, koji se od mene nije odvajao evo već toliko vremena i pričao mi svakojake gluposti, preskočio je, ne trepnuvši, a ja sam pao u krater. I eto, sa strašnim naporom, u crnom krateru ja sam zgrabio rukama za neke vešalice i penjem se gore na zemlju. A Dugonja kao da mi viče:

– Ispadaj što pre, skuvao sam ti makarone, bojim se da će se ohladiti, slani.

– Bog s tobom i makaronima – mrak mi je pred očima, samo da izađem!

20

BELI GOLUB

Iz kućice za čvorke izlete jato golubova. Jedan golub, beli sa crvenim očima, kružio je sa jatom i kao kamen pao mi je pred noge. Podigao sam ga i, visoko ga bacivši uvis, viknuo:

– Leti, hvataj svoje jato, ajde!

A golubje srce jako je lupalo pod belim perjem. I ponovo je golub ležao kraj mojih nogu.

Ponovo sam ga bacio i viknuo sam još jače.

Ali beli golub, uzletevši kud i kamo više nego jato, pao je preda me, i golubje srce pod belim perjem nije više tuklo.

21

NE UJEDAJ

Crvena, užarena, pomalo prekrivena pepelom stepa. Dva crvena i jaka borca očajnički se bore. I onaj što je bio stariji i telo mu je bilo nekako crnoputo, pobedio je. Skočio sam prema pobedniku i, dohvativši ga za ruku, ugrizao sam ga i, ne skidajući zube i zagrenuvši se od tamne, guste krvi, koja je izbijala iz rane, gledao sam ga u oči, mutne od bola, gledao sam ga dugo i znao pouzdano: on će iščupati ruku i klepiće me.

A krv se tako i lila iz rane.

22

BIJEN NEBIJENOG VOZI

Cela kuća je podrhtavala od groma. Nebo se otvaralo na mig plavobele svetlosti i iznova je postajalo mračno, kao jesenje veče. A bilo je podne. I ja sam kao slep tumarao po uglovima, tražeći ključ od vrata moje sobe, gde sam sâm sebe zaključao. I kada sam pao u očajanje i mislio o danu koji nikada neće doći, čudno se nešto razlilo naokolo, nalik na oblak s dugom, koje je isplivalo u prozor iz belog dana.

A poznati glas, unjkavi, rekao je otežući:

– Bijen nebijenog vozi!

23

AH!

Nije bilo druge, uzeo sam jedino što sam našao u celoj kući, stari madrac, i poneo ga nekud širokim putem kojime se nije video kraj. I dok sam još podizao moje trošno breme, učinilo mi se neobično. I evo skinuo sam

navlaku i seo, spazivši na madracu zbijeno gnezdo: sivi insekti su vrveli i, jedući jedni druge, lepljivi, tu su i nestajali.

– Ah! – neko je uzviknuo iza mojih leđa!

Naginjem se što bliže tom odvratnom, živom klupku.

A taj glas opet.

Danilo je.

24

SFINGA

Posetio me je moj prijatelj K., poznati muzičar; trebalo je da otputuje na duže vreme, a možda i zavazda, došao je da se pozdravimo.

Poljubio sam ga u teme. A on ti se okrene meni i, nosem dotičući moj nos, veli:

– Treba ovako, tako se ljube sfinge.

A ja pomislih:

„Možda si ti i sfinga, a ja sam samo ptica."

25

SAMO NOGE ŠTRČE

Evo već nekoliko dana kako se ne odvajam od bolesne starice; ona ima debelostubaste noge i ptičji kljun. Leži na krevetu i jauče, a ja sedim na stolici pokraj nje i ispunjavam sve njene prohteve. Bojim se da je ostavim za tren, veoma je uzrujana. I učini mi se da je starica usnula. Hvalim te Bože, starica je usnula! Tiho se iskradam iz sobe. A zatim priotvaram vrata, gledam, a iz peći štrče samo staričine noge, debelostubaste, u vunenim, sivim čarapama. Gospode, šta je to! poletim ja da iz peći izvučem staricu, uhvatim je za noge, a ona mrtva.

26

ŽENA ARHIMANDRITA

Došao sam na književno veče. Ubistvena dosada. Predsedavajući – starac sa crnim naočarima, u crnoj odeći, naravno, spava. A čitaju sve sami poznati književnici o poznatim istinama, ali sa takvom dubokomislenošću kao da do te večeri niko nije čuo za njih. Ležao sam na podijumu i gledao u usta dubokomislene čitače. Zatim sam iznajmio kočijaša i krenuo prtinom, na sankama, kući. No, kod kuće su mi rekli da me čeka neka dama.

– Ko je ona?
– Žena arhimandrita.
– Šta želite?

A ona – ogromna, do plafona i najedared brizne u plač, i to tanak glas... a usne joj slane.

27

U PLIĆAKU

Dugo smo gazili po plićaku, rekom. Videle su se samo naše glave. Napred je išao moj prijatelj, koji je umro pre nekoliko godina, večno pijan, sa crvenim, oteklim licem. Za njim – ja. Prijatelj je išao lenjo, opustivši svoju razbarušenu, sedu glavu, povremeno se osvrćući i lukavo mi namigujući. I mi smo stigli do nekakve kuće i mokri smo ušli u dvoranu. A u kući je bal, ples, vesela muzika. I najednom sve se zaustavilo, svi su u nas buljili. A mi mokri, kao čestar.

– Igrati! Plesati! – najedared su povikali, i grmnula je muzika, terali su nas da se vrtimo, bez kraja, bez predaha...

Nisam više hteo da idem po plićaku, seo sam u vagon i otputovao. Voz se zaustavio na otvorenom polju. Krenuo sam u staničnu stražaru i seo kraj prozora.

– Dolaze! Dolaze! – promrmljao je skretničar, prolazeći pored mene.

I tog časa prošla je kočija. U njoj je sedela mlada u venčanoj opremi i mladoženja u fraku – mladi. I samo što su oni nestali, zagrmela su ogromna mrtvačka kola, na njima je ležao ogroman trup. Konji su jurili iz sve snage, nije bilo kočijaša, niko nije upravljao.

Izleteo sam iz stražare, krenuo preko polja. Polje prašnjavo, vetar prašnjav, Gospode!

28

UMRO JE NAŠ OTAC

Umro je naš otac. Četvorica nas je braće. I evo kao da smo sva četvorica podigli kovčeg i silazimo stepenicama. I najednom poklopac kovčega grunu i veliki se komad odlama od kovčega. Mi i dalje nosimo i strašno nam je zato što ne znamo šta je u njemu ostalo, a ne znamo zato što ne vidimo, a ne možemo ni da zavirimo u njega. I spuštamo se stepenicama, s kovčegom.

29

MIHOLJSKO LETO

Jasni dan miholjskog leta. Izašao sam na terasu i gledam ogolelu baštu, a po žutoj stazici, pokrivenoj lišćem, koja vodi na terasu, vidim, ide stara-prestara starica, pocepana, lice mokro, tako izborano da se čini da je sasvim crno. I uhvati me neka groza, jezivo mi zbog starice: ne ide ona tek tako, smišlja neku pakost. Sa terase – prema vratima, pa stepenicama do vrha, samo trčim, a čujem: starica takođe trči. Ja – u sobu, i ona za mnom, ja – u drugu, i eto ti nje. Zabio sam se u ugao iza kreveta, sav sam se šćućurio:

„Gospode", mislim, „neka prođe, kad bi htela da prođe!"
– Čega se bojiš – čujem glas starice – ja sam tvoja majka!
– Moja majka nije uopšte takva – kažem joj.
A sam mislim:
„Zar je moja majka postala takva?"
A starica mi se naklonila, pa za vrat mene, cap!

30

CRVENOKOŠCI SU NAS UHVATILI I KRAJ

Penjati se nije bilo nimalo lako u toj čudnoj zgradi, nalik na kulu, na sredini – prazno. Gotovo nemoguće. Stepenice su mestimično bile izlizane, tako da je trebalo i hvat i po prekoračiti i puziti. Panjalo nas se mnogo, ali nismo se međusobno poznavali i pravili smo se kao da nam je sve jasno do tančina. Dole ne sme da se gleda, a ko pogleda – ima i takvih odvažnjakovića – taj – gotova stvar! – pravo glavom u podrum. Podrum niko ne vidi, samo svi znaju da postoji, hladan i taman. Najzad, stigli smo na odmorište: odmorište je čvrsto, gvozdeno, na gvozdenim traverzama.

Na odmorištu stoji da li razredni starešina, da li monahinja, isto razredni starešina, stoji i svakom pokazuje kroz prozorče *svet*. Ona kaže:
– Gledajte, deco, svet Božji.

I vidim, s odmorišta, sunčev zalazak, ogromne kuće, džinovske bunare – đermove, vatrogasne čete i crkvu – visok zvonik. Na krst prikačili se ljudi i takođe na svet gledaju, samo je njima groznije nego nama, i kako se samo oni drže!

Nije dozvoljeno da se svet gleda dugo, i razredna starešina daje svakom slaninu. Mi mažemo desni bok slaninom, žene zadižu suknje, i tako se spuštamo: kanapom, namazanim slaninom, lako je spuštati se.

– Ovde dole, sigurno, ima freski, starih? – obraćam se mom susedu – starcu u aluminijumskim čizmama.

– Stara, jako stara zgrada, Kainova.

Starica sa mišjim šapicama se krsti:

– Ikone – govori starica sa mišjim šapicama, pokazujući jedinim prstom ljudskog obličja na zid – svakojake, koje su omolitvljene i koje nisu *Sirotan-Spasitelj, Četiri Praznika.*

Ikona, doista, mnogo, a u malim prozorima iza rešetki, po kojima treba kliziti telom, vide se isposnici.

Pored podruma prolazili su veoma oprezno, bojali su se da ne padnu.

– A ako ideš Bogu da se moliš? – pita starica sa mišjim šapicama.

– Sve zavisi od Miraksa Miraksoviča – odgovara mladi rogati čovek.

I mi se neprijatno zbijamo i trudimo se, ako je ikako moguće, da se tako držimo, da nas ne mogu razdvojiti, inače će se crvenokošci, koji žive u sobama, što opkoljavaju podrum, probuditi. Pa oni su se već probudili. Evo, oni su zgrabili jednog dečaka i vukli ga, a kokošje perje, koje je prekrivalo njegova bedra, samo promiče. Nas je sve manje i manje, a crvenokožaca čitava armija.

– Sada će nas odvući! – govori, kao da se šali, bolesna žena sa vrećom za provijant; na vreći je nacrtan lav.

A samo bi jedno hteo, da se dočepam sredine, i ja počinjem da brojim brzo, smatrajući da brojanje pomaže, a noge su mi već odrvenele... Propao sam, zgrabili su me!

Primedba. Za svaki san jedan te isti zaključak: – „I tu sam se probudio.“

U ZATOČENJU

Deo prvi

U SAMICI

1

Zvoni zatvorsko zvono. Uzruja se srce, podiže na noge. Skočio sam i odevam se.
Ne polažem sebi račun: kuda i zašto?
Osećam ono što sam osećao jedared u detinjstvu. I prisećam se kako su jedared noću u našu kuću dovezli *Iversku* – ikonu, spavao sam i namah sam se probudio.
Tamničar me izvodi u tamničko dvorište.
Iskričavotiha mrazna noć. Tamnica gori sanjivim žutim vatrama.
Idem u krug. I ne mogu da se probudim.
Jedared su noću u našu kuću dovezli *Iversku* – ikonu. Tada sam bio sasvim mali, spavao sam sa *zekom*. Priljubljivao sam se uz ikonu, i zečić se priljubljivao. Zato su igračku negde bacili. I više nisam imao igračku.
Žmirkajući, fenjeri su me sledili.

2

Bledoolovna svetlost – nerasanjeno sumračje.
Ili napolju sneg sipi, ili sunce više ne svetli.
Tamničar otvara prozorče na mojom vratima.
Tiho je u tamnici. Negde se jedva čuje molitva *Otče naš.*

Dole, preko puta moje, ćelija je otvorena. Kraj vrata na kolenima stoji starac zatočenik, njegove stare ruke se tresu.

Neko se zakašljao. Neko plače.

– Ko to tamo plače?

Ma to je vetar. Moj stražar – vetar.

Završila se molitva. Zalupili su prozorče. I muklo je lupalo po cevima. A ja sam sve vreme video starca zatočenika – tresle su se njegove ruke. I osetio sam kao da se pod jednim krovom sa mnom probudilo navodno zverinje.

Zverinje se probudilo. Ni svetla, ni prostora. Pritišću zidovi, guši se srce.

Zverinje lomi kandže – nepokorno zverinje.

A pored vrata na hodniku, smejući se, zveckajući okovi.

„Beli golubi – moja nada i moja mašta – ne ostavljajte me. U moje usamljene noćne sate vi ste doletali pod moj krov. Sprijateljili se sa mnom. Nagugutali ste mi o sreći. Mahanjem krila oterajte tugu, rasplamsajte oganj, rasvetlite mi. Beli golubi – moja nada i moja mašta – ne ostavljajte me!“

3

Samica – jazbina. Potavnele, nagorele od nečistoće i insekata klupe za spavanje. Postelja u sivim belezima. Crni stočić što se klati. Crna hoklica što se klati s jedva primetnim ekserom koji zacepi. Izgrižena, istrvena kašika u uglu, iza ikone. Uzan, protegljast prozor, gusto premazan belom farbom. Iza dvostrukog rama, spolja, gvozdene rešetke.

Ispod plafona limena lampa s kosim ognjem, ona je prianjala od prolivenog gasa.

Od klupe i kašike iza ikone – ustrašena, bojazna senka.

Zajedno sa vlagom i isparenjima prolećnih večeri dopiru do mene kroz lepljive zidove duge zatvorske pesme.

I leti, visoko se prenosi pesma.

I čini mi se da izleće na krov, i pada tamo na belu grud oblaka i vozi se prema crnoj ogradi toplog neba, gde će se roditi proleće, gde će se zarojiti suznice prvih listića i gde se tka šara cvetnog tkanja.

„Pesme, mnogo je u vama tajni. Kada se vi uznosite, ikone hiću za vama. Vidim one kojih nema, i one što su sad daleko, i one koji još nisu živeli na svetu, ali koje ja želim."

Pesma se uzrujava, igra, ona gori.

„Pesme, mnogo je u vama tajni. Kako su blizu, vaši saputnici – ikone! Vidim žive i one kojih nema, i one što su sad daleko i one koji još nisu živeli na svetu, ali koje ja želim. Oni mi pružaju ruku i, kao san, beže."

Neko doziva. I pesma je, poput tica, otprhnula.

Monotono zveckajući sabljama i lupajući čizmama, stražari hode hodnikom, kao moji dani zatočenja, zveckajući sabljama i lupajući čizmama.

4

– Što je tamo mračno? – pitao sam prvog dana dežurnog.

– Mračno – premišlja dežurni – a zato je mračno što je tu ista stvar – ja l' dan, ja l' noć: takva je građevina.

Popravio je dežurni lampu i izašao.

A kad je u podne došao, pitao sam ga:

– Što se ne razdani?

Pogledao me je nekako ni grubo, ni sa žaljenjem:

– Ee, gospodine, mnogo je u tebi greha bilo! Ja l 'dan, ja l' noć – ista stvar: mračno... Gimnazijalac, jedan, trećeg dana se obesio.

I opet je otišao. I postalo je još tamnije.

A danas se u moj prozor probio sunčev zrak; u početku jedan, za njim drugi, pa treći.

„Zlatni zraci, grejete sa slobode, ogrejali ste visibabe, goreli ste na hramovima, igrali ste na ulici, tumarali ste po šumi i isterali zverinje iz jazbina – sve čega god se taknete, sve oživi. Zgrejte mene!"
Al' i zraci me napuštaju.
Lampa gori nekako zimski.
A negde blizu, ukraj tamničkih, kamenih zidina prva, plašljiva trava. A negde tamo iza zidina, u polju, kraj moje kuće, pred mojim prozorom, zova se rascvetava.
Ne znam, živim li ili ne?

5

– Danas sam kćerku sahranio! – kazao mi je, zaboravivši instrukcije izvršni, obično ćutljiv, nadzornik – *niži starešina*.
Znači, snažno ga kosnulo, zaboravio je instrukcije.
Omlađi vojničić, tek jedva brčići.
– Šta je bilo? – pitam izgubljenog vojničića.
– Snage se nema, dođe mi makar u Tursku da bežim: život robijaški.
Jedan Tatarin, spremač hodnika, mete-mete i zaustavi se, stane kao ukopan, sav zamre: dve godine je odsedeo, još godinu ima.
Ciganin – *robijaš u okovima* sve pesme peva ispred mojih vrata. Peva Ciganin, okovima lupka, a u glasu mu je takva tuga...
– Pošaljite, gospodne, šećera, preko Avdejeva.
Avdejev je zatočenik, koji poslužuje u samici.
Šećer se šalje.
– Ciga je sav vaš šećer prokockao – izveštava me naveče Avdejev.
A narednog dana ista pesma.
– Pošaljite, gospodine, šećera, preko Avdejeva.

U tamnici su i deca... Otac je sa sobom doveo u tamnicu svoju petogodišnju devojčicu.

Okice tužno gledaju – neće se osmehnuti, a lice ubledelo, zelenkasto.

– Ta – ta! Ta – ta!

Otac uzme devojčicu na ruke i nosi je po hodniku, zabavlja je – uspavljuje je zveketom lanaca... I poneće je na *večnu* robiju, poneće je na rukama, kojima je zaklao tuđe dete...

Sve što živi iza mojih vrata ide prema meni, drži me, saživljava se sa mnom, moli me za pomoć.

Ali kako pomoći i čime pomoći? Ko će im pomoći?

I u odgovor samo miševi grebu, čas umiljato-tanko, kao da shvataju, čas zloćno, kao da su spremni da ti pregrizu grlo.

6

Ponoć na Uskrs.

Sve ćelije su zatvorene.

Mučno iščekivanje kao pred presudu.

Sasvim retko istrgne se smeh i nekud se zabije.

S kraja na kraj usamljeno i muklo hode stražari...

Glasno vičući neko se zakašlja.

I odjeknu zvono.

Zatvorsko zvono zazvoni jutarnju.

Buka i zvonjenje i ovde i tamo, i blizu i daleko – buka i zvonjenje: *Hristos voskres!*

Duboki uzdah i težak jauk ide zidovima i negde u dubini tamnice najednom raseca kamen: *Hristos voskres!*

Iz dubine gvozdenih ramova u zatvoru svetli jasni pogled. I čuju se laki koraci...

Daleko van tamnice zvoni za bogosluženje.

Ne spava tamnica.

Sanjao sam da sam sedeo ukraj prozora. Prozor je
gledao u noć bez zvezda.
Iza zida su se muvala neka deca.
I ceo moj život prolazio je preda mnom s ružnim, na-
grđenim licem.
Nečujno se otvoriše vrata.
Ušao je visok, sed starac.
I stapale su se naše oči u bolan pogled. I krv u mojim
žilama je uzavrela. Vrila i ledila se.
Starac je mrdao usnama, mrmljao je nešto.
I tiho zveknuvši pao je kraj mojih nogu kratki nož.
Starac je iščezao.
Podigao sam nož, pritisnuo ga k srcu, hladni.
I čekao rasvit.
Iza zida su se muvala neka deca.
– Ustaj, dežurni! Nadzorniče, ustaj! Vreme je za obi-
lazak, dežurni! – grmeći ključevima, prošao je *starešina*.
I odjeknu zatvorsko zvono.

8

Besciljno šetam gore-dole.
Hladno mi je i mračno. A tamo na slobodi sve je ze-
leno. Noćima doleću krici i lupa života što se uzburkao.
Al' često mi se čini da je sunce spalilo ljudski rod, i
spasao sam se samo ja u tamnici.
Besciljno idem gore-dole.
Muzika! Negde blizu prolaze vojnici.
I ja dugo gledam u mrtva stakla.
Pljušte zvuci u srcu... i nemoćno se gube...
Čini mi se, sa svih strana zapalili su zemlju. Kome-
šaju se divlje, crvene gomile. Zemlja umire.
Besciljno idem gore-dole.

Sve je takođe tihano. Hladno mi je i tamno. Mutno
svetli lampa.
I grozničavo mislim o zvezdama.

9

Zatvorski sat snuždeno otkucava.
Primiče se noć.
Od lampi na podu i po zidovima leže nepokretne se-
ni.
Zalepljena za zid muva krepava.
Njene nožice se grozničavo istežu, telašce se skuplja,
a rasplinuta pega senke – njene poslednje saputnice –
drhti, pliva.
Doletela mi je u ćeliju muva, dan-dva letela i sada
umire.
I u svoj predsmrtni, muvlji čas priseća se muva: žuta
i prašnjava soba, kada je tamo, iza zida, visoko stajalo
sunce, okno kanda je zamrzlo kad je jasan dan, tužne i
mlohave stonoge po uglovima, gde zeleni se u zraku
plesan, pospani žohar na oblozi na zidu, zabrinute ruse
bube, lenje, nalivene krvlju stenice, jedva primetni, zli,
bledo žuti oklopi stenica, tanki, hitri mišji repovi, zubi
riđeg, ogromnog pacova, buka i zvonjava okova.
Oduža senka spustila se i ni makac.
Muva je krepala.
I meni se učini da je vreme stalo, stali su šušnji, kao
da života više nema.

10

Svetla, letnja noć.
Tamo zriju plodovi, i blesak munje, švrljajući, povija
klasje.
Usamljene zvezde glede na zemlju.
Negde izvan tamnice pevaju.

55

Kučenece negde tupo kevće.
I pesma odlazi.
Kako tiho, kako mrtvo tiho!
Čujem vreme, vreme lupa, beži – –
Ništa neću, ništa mi ne treba. Čujem vreme, vreme lupa, beži.

11

Osećam sebe, svoje telo, koje se pogrbilo i otežalo, i dušu sa mislima koje kao da su od straha zamrle, sa zabrinutošću što raste, predosećanjima nekakvog večnog jarma i svejedno nikad neugaslom nadom da će neko neizbežno doći, podići će se strka, propevaće oprezni katanac i oslobodiće.

Setio sam se svega prošlog, svakog proživljenog dana do tančina. I dani su ulazili nejasno, zatim su se zbijali, rasli su, izrastali u nekakvo čudovište – u nekakvo ubogaljeno dete, i nemo su vukli celu dušu. Bogalj-dete širilo je svoje suve ruke.

I gledajući u lice svojih dana, molio sam se da mi oprosti, zakljinjao sam se – bolje je umreti, ali da me ne natera da stojim sa tom suvom, raširenom rukom, bolje da se izmučim i ponesem svaki teret.

I promicalo je sve što je izraženo, izliveno, okamenjeno u postupcima, zatim sve što je brodilo i najposle ono o čemu sam se bojao i da mislim, i ono je isplivavalo neočekivano i nasrtljivo je srljalo, plašeći sav svet što se uzrujao.

Kaznio sam sebe za takve misli, koje su negda živele sa mnom nejasno, sakrivene drugim, spokojnim, mislima.

Prisećajući se susreta, prisećao sam se svega što su govorili i zbog čega je duša bolela. Čitav život do poslednje vlati primio sam u svoje srce. I ja nisam video bića, srce koje nije zaplakalo makar jedared.

Svejedno da li si ti zakuvao, za tebe su se prikačili, da li si ti ubio, ili su tebe prebili, ali srce se tvoje skuplja i na duši ti je – hladno.

I neprimetno sam uvlačio celog sebe, zanosio u vrtlog nesreća, nevolja i patnje, bacakao se kao zverinje u kavezu i, iznemogavši od hoda, zaustavljao sam se, i od svoje bezizlaznosti, od svoje bespomoćnosti kočio sam se u mestu... I nije tako ostajalo ništa drugo negoli glavom u zid – i kraj!

Ali pomalo se smirivalo srce.

Sećao sam se, kako sam u detinjstvu, igrajući se, otkidao žabama krake, sećao se nepokretnog žutokljunca iz razorenog gnezda, setio ribe sa pokidanom udicom... rastrgnutog, polupridavljenog crva...

Po tamničkom dvorištu šeta se jarac. Sretao sam ga za vreme šetnje. Šetao se jarac dvorištem i kao da je shvatao nešto, pogledavao me je.

I činilo mi se da ne samo ljudi, već i zverinje i stvari shvataju.

Premlaćen pas i premoren konj i sva ta izmučena i izmrcvarena stoka... I drvo što gori, i list što žuti, i izgažena trava, i pogaženo cveće, i očupana zova, i obrštene mladice – oni shvataju.

Osećajući sebe i sve što živi iza drveća i iza zida, što se ostvaruje i što se zbilo u prošlosti, osećao sam svaki gled života, i nije prošlo zrnce peska vremena da bi nastao zaborav, čak ni u snu...

„A ako sam ja bio miropomazan za savršenstvo?... Ja sam lišio života insekta, neka se muči i jedared prolije suzu, a mene će sutra obesiti zbog njega. Ja sam pomazan da svršim to što treba da svršim, a drugi su pomazani da svoje svrše. To što se on mučio kad sam ga klepio, on je iskupio svoje, a ja ću svoje da iskupim sutra!"

Išao sam, ne znajući za umor, iz ugla u ugao, ali pokoja nije bilo.

12

Zasiktale su sablje pratilaca, razlegle se oštre komande. I postrojeni kraj zatvorskih vrata zatvorenici su krenuli, žureći se i zveckajući, žureći se i prestižući jedan drugog robijaškim putem na slobodu!

I ja sam video sve što je bilo i što se tajilo u sutrašnjem danu. Za tren se osvetlila tmica i postalo je jasno kao u podne. Kao da me ledena ruka zagrlila, i led mi je žario srce, i ja sam proklinjao čoveka, i proklinjući padao sam pred njim.

Na slobodu!

Deo drugi

PUT DO PROGONSTVA

1

U VAGONU

Otvoreni prozori.

Za vagonom juri sunce, bleštavo i još hladno, i njegovi zraci udaraju o rešetku.

Promiču sanjiva polja sa visokom, žutom pšenicom.

Vagon se budi: dahću, kašlju, pljuju, izlaze i vraćaju se, hvatajući se za noge.

— Najesen kad putuješ i ne doživiš! — govori zborana starica, žvaćući koru.

— Ma šta nećeš da preživiš! Trideset godina idem u svako doba i živ sam, zdrav i čitav! — oglašava se starac, zatvorenik Jaška.

Jaška važno pije čaj, uživajući sisa šećer. Beli okvir naočara srastao je sa nosem i prelazi u dugu, belu bradu, koja je pozelenela oko usana.

— Mladi još nekako, a meni je sedma desetka... Gospode, svu me je slomilo!

Zaplakala su deca, poustajale su žene, zaurlale.

A malo su priutihla deca, opet se čuo uz lupanje točkova Jaškin glas: kopa po svojoj vreći i smeška se.

— Knjige, evo ove, dobio sam od samog gospodina upravnika. Bio je kod nas propovednik, Englez, prosvećivao je zatvorenike. *Poznanje,* govorio je, *umirit će tvoja osećanja i oslobodiće te od njega.* Bolje bi on, kučkin kučak, oslobodio od tamnice! A ono *okovi su u duši teži od vaših.* Neka proba, takav čova, naše da nosi, nije zaludu Englez.

— Jedina zabava, a nema što drugo ni da ih slušaš — prigušeno odvraća Jaški sused, suvonjavi zatočenik sa tamnim licem pustinjaka.

— Ma i bez propovednika sve znamo, sami! Još je pokojni Deržavin rekao: *budi velik i u dobru i u zlu.* A ono Englez.

— Spavaj, šta ustaješ! — kezeći zube, nagovara pratilac mladu zatvorenicu, priležući i udvarajući se.

— I zar mi je prijatno da idem — nastavlja Jaška — i idem. A koliko sam naroda za svoje godine prevario. I brata sam okrenuo.

Hihiću. Starica jauče. Neko se nemilosrdno češe i zeva. Jaška pripoveda svoje duge, zapetljane doživljaje.

Postaje zagušljivo. Pepeljasto-žuti duvanski dim u širokoj i gustoj traci vuče se od vrata do vrata. Zatvorenici dojađuju i zadirkuju je... Neko je zapevao.

— D-da — čuje se Jaškin glas — i živim tako, prijatno, dobro mi je, jedino sam umoran, telo boli, pa i vino uvažavam.

I sve se reči i krici slivaju u neko potmulo brujanje.

Želeo bi tamo preko tih polja — dalje odavde. I s bolom se priseća, priseća drugog...

Skoro će stanica. Pratioci uzimaju čajnike, zatvorenici se svađaju i grizu.

Voz se zaustavio.

Putnici i publika, koja se šeta platformom, bojažljivo i znatiželjno pogleduje u rešetkaste prozore.

2

PASTIR INSEKATA

Bila je treća nedelja, a transport zadržavaju.

Činilo se da se skriva dan kad će ući *starešina* i objaviće da su stigli, i svi će se podići, zatutnjiće, svađajući

60

se i skupljajući svoje prnje sa svemogućim *skrovištima* za duvan i *instrumente.*

Bila je treća nedelja kada sam se neočekivano našao u zajedničkoj prostoriji i živeo obazirući se oko sebe, sa očima koje su se lepile, kao da sam sve vreme zaspivao, a neko me je neprekidno budio, ili sam se ja svaki minut budio zbog nečeg sigurno potrebitog, što me je diralo ili podsećalo na sebe.

Prve noći moji džepovi su bili odsečeni, a odmah zatim, negde usred bela dana, kada sam se od strašne posustalosti i napregnutog bdenja, ne znajući za sebe, povalio na klupu i san me je lako i prijatno povukao u neku sanjivu propast, bezdanu i tamnu, neko mi je odrezao đonove.

Galama, tuča, psovanje − stalno i nasrtljivo, obuzelo je sve moje misli. I činilo se da su se oni negde zabili, a umesto njih, tamo, zijala je u duši praznina ravna, strašna i tiha.

Samo što je prošla provera, i nadzornici su obilazili prozore, lupajući čekićem o rešetke i okvir.

U ćeliju su doneli ogromnu kiblu, i zatvorili je preko noći. Vreme je bilo za spavanje, ali u prostoriji je sve bučalo i žagorilo poradi stešnjenosti različne prirode, o zagušljivom kupatilu i špijuniranju.

U više navrata kraj rešetkastih vrata pojavila se crna figura nadzornika.

− Kopitovići, đavoli, legaj na spavanje! Šta ste se razgalamili? − viknuo je grubi, razdraženi glas nadzornika.

I gdegde su se zavlačili ispod klupa, raspremali.

Tako su se pomalo i nemirni primirili i, pribijajući se jedan uz drugog i zevajući, dremali.

Postalo je tiše, samo su tu i tamo još uvek izbijali škripavi smeh i piskutavo, zviždavo dovikivanje. *Lizaveta* − mladić-zatvorenik vrzmao se po klupama za spavanje i promicalo je njegovo lice, razmaženo, meko, s opuštenom donjom usnom i žutilom okolo usta.

I postajalo je zagušljivo. Zagušljive su bile misli, što su tumarale ispod niske lobanje što gnjili i mutne prostorije.

Jasna noć zavirivala je u prozor svojim hiljaduzvezdanim likom, tako slobodna i tako široka.

Ležao sam rame uz rame sa svojim vernim susedom skitnicom – *Pastirom insekata.*

Pastir insekata je obično po ceo dan ćutke tragao za zatvorskim insektima i gnječio ih, razmazivao po podu i klupama. Za vreme šetnje, pogurivši se, išao je sam, izbegavajući druge zatočenike i samo kad promakne ženska marama, ili se pomoli u vratima suknja, on bi se ispravio, iskezio i dugo, silovito vrteo nosem.

Skitnica nikako nije mogao da se smesti, vrpoljio se i češao. Njegovo lice boje peska sa gukama i udubljenjima od neke bolesti, bezbojne, retke kose, koja je podsećala na leđa loše očupane kuvane kokoške, kezilo se.

Svima je odavno bila poznata istorija skitnice, *Pastira insekata:* negda je bio pojac kod Vasilija Stakaniča, zatim knjigovezac, zatim stalni posetilac *buvare,* postao je *žbir,* na kraju krajeva, zabrljao i sada iznova ide u progonstvo.

– U takvu noć srce živi – najednom je progovorio *Pastir insekata* promuklo, gotovo šapatom – u takvu noć, evo... – I pridigavši se, zamislio.

Odmakao sam se malo i takođe se podigao.

– Takve su noći bile svetle, tople – počeo je sused – a ja sam kao neki pas lunjao šumom. Svu nutrinu mi je isisalo, po svoj prilici, tri dana u usta ništa nisam stavio. Gledam i osmatram: neće li ko proći? A ovde list krcne, ptica prhne – odmah se naćuljiš, stegne ti se srce. Pomisliš eto da će tebi, da će se na dobro okrenuti, a ono nikog nema. Tako sam eto išao, šuma se završila i počeo čestar. Samo, vidi, krov blesne. Obradovao sam se, pa trk. Spazim kuću. Vidim, nema svetlosti. Ja – k prozoru, cimnem – popušta. Uvučem se kroz prozor, pa pravo u kuhinju. Počeo sam cunjati. Cunjam, a ono kuvano, ki-

selinom, tako u nos i udara, jedva stojim, uzmućuje. Ce-
lu sam činiju čorbe od kupusa izvukao iz peći i počeo da
mažem. Nasitio sam se. Pa, mislio sam, uzeću nešto od
stvari, i kidaj. Vidim, vrata u sobu vode. Otvorim vrata,
provlačim se, idem, ne dišem, tijano, bojim se da što ne
pogrešim. I vidim najednom, u uglu, na krevetu, žena le-
ži, spava. Ja na nju. Raširila se sva, bee – la... Stojim ja,
stojim nad njom. Krv kako u meni zagrga, drhtavica me
sveg skoleta. Naginjem se: evo kad bih, mislim, takvu...
caricu! Pa cmok u usta. Poskoči ona. „Petre, jesi ti? –
kaže: – Došao si, nisi zaboravio, a ja tugujem za to-
bom!" Gleda u mene tako svetlim, svetlim očima, pa ka-
ko grli, celog me stisla, ljubi. Bodrim se kao nemam šta
da kažem. „Što ti, veli, samo, ćutiš, ni slovca da obeliš?"
„Nije čas" – odgovaram joj i glas svoj već ne mogu da
poznam...
   Pastir insekata je zinuo i kao da je prestao da diše.
   – Pa, i sve se desilo – prenuvši se, nastavi *Pastir in-
sekata* – mislim, vreme je kući, iznenadiće me još neko.
„Kuda ćeš, kaže, Peća, ili si prestao da me voliš, sve
sam ti dala, nisam uspela da se savladam!" Tako se grče-
vito uhvatila da ne možeš da se otkineš. Izmigoljim se,
pa kroz prozor. Samo što sam se pustio vidim čoveka...
pravo na mene grede. Ja u stranu, on za mnom. Stigao
me. Zaustavili smo se. Stojimo. Gledamo jedan drugog.
Gleda, gleda mene, strašan, kao neki mrtvac. „Razvrat-
nica, kaže, razvratnica!" I pošao. Pošao i više se ne
osvrće. Gledam za njim: ide, ide i kuću je prošao. Pro-
zor je otvoren ostao, blešti. A ona stoji samo u spavaćici,
oči velike...
   Pastir insekata se sav skvrčio, njegova glava i grudi
privili su se na stomak, a kašalj prigušen i težak izbijao
je i otimao se i sekao nešto meko i nežno, bolno.
   Smenjivali su se dežurni. Teško lupajući prošli su ko-
raci meki i sanjivi, i drugi koraci sa škripom prekidajući
ih, približavali su se.
   Cela soba je spavala, neko je mumlao i škripao zubi-
ma.

Pastir insekata je ležao sav oslabeo i bespomoćno disao.

Negde je lupalo klepalo, a jasna noć zavirivala je u prozor svojim hiljaduzvezdanim likom, tako slobodnim i tako širokim.

3

ĐAVOLI

Prošao je ručak i ispili su čaj, a nikakva naređenja nisu izdata.

Zatvorenici su se, sa zlošću, tukli i gložili: tatarčiću, što je bio pod istragom, otkinuli su uvo, starcu su vrelom vodom ošurili nogu i bogzna šta bi još uradili.

I tek kada se već smrklo, ušao je *starešina* i pročitao. I oni koji treba da nastave put prevedeni su u drugu prostoriju i zaključani.

Obučeni za put, sedeli su zatvorenici na klupama i čekali.

Njihova izmučena lica, koja su se stužila, stapala su se sa njihovom sivom odeždom.

Ponad vrata zanovetala je lampa.

Govorili su o obrocima na putu i na zastancima, tužili su se, na sve su se tužili kao bolesni. Potom su ćutali, tražeći o čemu još da govore, iskosa zverali u vrata, doterivali se za odlazak.

Ubrzo je trebalo da dođe nadzornik. Otključaće ih nadzornik, i povešće prvo u kancelariju, a zatim na železničku stanicu.

Najednom su se prenuli: u hodniku su zagrmeli ključevi.

Sramežljivo, ogrćući se kućnom haljom ušao je u prostoriju visoki, mršavi zatočenik iz samice i, rasejano, kao da nikog ne primećuje, odmah seo na klupu.

Njegove velike oči, činilo se, kao da su se provalile, a zatim iskolačile, izmučene i preplašene do smrti.

Novajliju su obasuli pitanjima.

– Ideš daleko? – neko je pitao ovog iz samice.

– U Ust-Sisoljsk – odgovorio je ovaj il' bojažljivo, il' preko volje.

– Što su te zatvorili?

Al' zatvorenik je ćutao.

I tek posle nekog vremena, gledajući negde iza zida i kao da čita, započe svoju tajnu povest.

Svi se umiriše.

– Priča... a duga je to priča... – poče zatvorenik – radio sam kao pisar u Penzi i dao sam otkaz. Zaposlio sam se kao radnik u fabrici u Tuli, propio se. Doista, pio sam mnogo. U leto sam otišao na selo. Obuzela me tuga, idem poljem i stalno razmišljam. Jednom mi je teško došlo, legao sam u travu. I najedared vidim: đavo stoji s desne strane, a s leve anđeo čuvar. Pročitam molitvu, đavo nestade, pa... i opet. Ustao sam, čitam molitve, a on za mnom, ni na korak me ne pušta. Ispričah kod kuće o đavolu. „Idi, kažu, kod sveštenika." Ujutro pođem sveštenjiku. Sveštenik spava. Čekam ja, čekam. „Nećeš ga dočekati!" – reče radnik. Krenuh na groblje, legoh u hlad na humku. I krenuše misli: kako se živi na ovom svetu i zašto da se živi? Mislio sam, mislio i zagubio se. Budim se i lako mi je, kao da je nešto odletelo od mene. Oglednuh se: ni sakoa, ni kape nemam. Aha, sad sam propao, mislim: sve su mi ukrali, i dokumenta. A naokolo ni žive duše, tišina, sunce visoko odskočilo. Stajao sam neko vreme, poglèdao i krenuo, ni sam više ne znam kuda. I obuze me tuga, silna tuga. Najednom, đavo... Ide za mnom, stalno za mnom. Kud ja, tud i on. Uz drum je jarak... „Skidaj se, veli, legaj!" Poslušao sam, skinuo sa sebe sve, hoću da legnem, ali vidim na dnu mrtvački kovčeg, a u njemu kostur. Kažem: „Dragi čoveče, možda si bio bogat a sada ništa ne možeš." A đavo će tek: „Hej, to je tvoj kostur: ti si uskrsnuo iz mrtvih!" I ja videh kako se otvori nebo i ad se stvori. Na samom vrhu je bog Savaot, a s druge strane visok, previsok zid... „Tamo su pravednici, a ti ćeš ovde biti, mučićeš se!" –

začuh ja glas. Padoh na kolena, gledam u nebo i tako mi je dobro. I ne znam kako sam se obreo u sobičku bez prozora, mračnom, tesnom, očigledno bez stanara. Kroz pukotine gvire moji drugovi i smeju se... I svi su đavoli. Pročitam molitvu – iščeznu, a potom opet priviruju. Kako viknem na njih – pojavi se anđeo, zaplaka, uze me za ruku i povede. Idem kroz šumu, mislim: zašto sam se najmio kod Nemaca da za sto rubalja idem go po šumi? Raskusuraću se sa njima... golcijat da idem... da... A Nemci već idu, viču na svom... I svi su oni đavoli. „Neću da vas služim! – vičem im: – Dajte mi sedamdeset devet rubalja, a ostalo žrtvujem braći. I gde to ima da se za sto rubalja ide golcijat po šumi?" A Nemci počeše da me kude, da mi se izruguju. I najednom vidim, gledi sunce u mene, gledi sunce i tako umiljato me mami k sebi. „Sunašce" – počeh da preklinjem – „kuda da idem." Tako sam bio ljut na te Nemce. „Onamo!" – govori sunce i kao pokazuje mi put. Ostavih Nemce, idem, a sunašce, govori, govori i tako mi je lepo, tako lepo... „Što se bezobrazno ponašaš, a?" – viču mi: – „Zar ne vidiš da tu ima moma?" Prenuh se: stojim u polju. Kosidba, puno ljudi, a ja go-golcijat. „Dajte mi moj novac!" – povikah. A oni kad se bace na mene! Lupali su me, mlatili i odvukli u policiju i tamo su me isprebijali. Onda su me strpali u buvaru zbog nepismenosti. Naiđe na mene tuga, takva tuga... Došli su đavoli, zauzeli su čitavu ćeliju. I kuda god pogledaš, svukud su oni, đavoli, da... đavoli.

Zatvorenikove usne čudno se, patnički, osmehuju. Oči iskolačene: netremice je gledao u nešto smrtno strašno što je samo on video.

Među prozorskim okvirima zviznuo je vetar. Lupilo je prozorče.

Svi su ćuteći sedeli i svako je mislio o nečem nejasno-tužnom, o nekakvoj svojoj nepopravljivoj grešci i o minulom životu.

Svi su ćuteći sedeli, štrecalo je srce. I gorelo je srce uinat nekom, prema nekom drugom životu, za slobodom.

– Spremaj se! – viknuo je nadzornik, i ključevi su zazvečali.

I gomila zatvorenika, gurajući jedan drugog i spotičući se, pokuljala je hodnikom prema kancelariji.

Došao je *starešina,* doneo neki tamni, zarđali svežanj ili ključeva, ili katanaca, bacio ih na sto i uz njihov tihi jauk i treperenje počela je prozivka.

Izdao je *starešina* svakom po krišku crnog hleba, ušli su pratioci, preko volje uzeli prvu ruku na koju su naišli i susedovu ruku i čoknuo je zvuk – lisica. I veliki i mali postali su blizanci, i mali se propinjao i pravio se velikim.

– Zbogom!

4

U OKOVIMA

Nije nas bilo mnogo i, prikovani po dvoje, išli smo i dizali prašinu natečenim nogama.

Išli su, vukli su se, nemirno vrteći rukom koja je bila vezana, i zbog nasilne bliskosti prema susedu nešto je kao otežavajući teret pritiskalo ramena i savijalo leđa.

Sijala je topla, letnja noć.

Topli, tamni oblaci su se razilazili u zvezdano zlato, raskriljujući se, razlivalo se po gustoplavoj nebeskoj svili. Pohlepno smo usisavali nekakvu strašnu slobodu, koja se širom širila daleko naokolo, do poslednjih krajeva, gde su se s oblacima spajala polja i odlazili krstovi zvonara u zvezde.

Ali, umusani i skoreli, mi i sad nismo prestajali da osećamo težak vazduh klupa za spavanje.

Pratioci – zatucani vojnici, mršavi i tankoglasi – opkoljavali su nezaštićene, okovanih ruku golaće, ali njihovi mačevi nisu bleštali, a bili bi nepotrebni čak, činilo se, tupi, od kartona.

Do železničke stanice bilo je puta dva-tri sata.

Čas tu, čas tamo planuo bi tanak, zmijski oganj, i miris maline zapljuskivao je noć, od jakog duvana.

Postalo je toplije i prijatnije: nešto domaće spuštalo se na dušu i tiho se umiljavalo. Kao da su ih pustili na pravu slobodu!

– To se tako ne sme! – rekao je pratilac, rekao i zaboravio.

Nije nas bilo mnogo i, prikovani po dvoje, išli smo, osećajući kaput suseda i iza čupavog zatvoreničkog sukna izmožđeno telo, svaki od nas je osećao, takođe, da iza njega idu Ariška i Vaska, neokovani i svako za se.

Ariška je svaki čas istrčavala napred, usitnjavajući korak kod svakog para.

Zagledala je svakog u oči. Njeni beli i široki zubi začikivali su, a oči svetle, dečje, žalile su, i smejale se, i molile, i tugovale. I cela ona je živela naočigled, nekakva vruća i poželjna. Svakog ispituje: „Gde ideš i zašto, gde i zašto?" I svi brzo, nekoliko puta, odgovaraju jedno te isto i ne primećuju. Sama Ariška objašnjava da ide zbog prevare, ide samo u radnu četu, zato što je maloletna, a trgovca Saljnikova, kod koga je živela kao ljubavnica, u Sibir šalju... zajedno su novce delili i zlu staricu su usmrtili.

Cela Ariškina figura je doterana i čista. I čini se da je ona mala, brbljiva ptica, što proleće u toj pretećoj noći, a njen život je – tren...

Vaska, preplašen i kudrav dečak, nasuprot Ariški, kako su ga ostavili, tako i ide ćuteći, zamišljeno. Pocepane, crvene čizme vrzmaju se, a učenički kaputić visi, sa značkom na ramenu, koja kao da je prišivena. Vaska se svaki čas trese.

Tako smo prošli grad sa poljima i povrtnjacima; i tek-tek miga da nas stigne zatvorski fenjer, pun mržnje i zao, kao pas na lancu.

U gradu se oglasi buka. I konvoj se utegnuo, mada publike još nije bilo.

A sve je teže bilo ići: kamenje je zakačinjalo i seklo noge, upalile su se ranice i obuća je žuljila.

Fenja – Fenja – Fenja – ja
Fenja – jagodo moja! –

cepajući harmoniku i poigravajući, išao im je u susret pijani par.

Žena ga je, visoko, zagrlila oko vrata, naslanjajući se celim telom, žmureći i zapomažući, a on bez kačketa, crven, sa kosom što se prilepila za čelo, tako zdrav.

I sa ralicom i sa drljačom,
I sa kobilom vranom! –

doleteo je poslednji, ko zna zašto tužni glas harmonike koja je zamirala.

I ova sreća, pljunuvši u lice uhvaćenim skitnicama, raznela je prigušenu, nejasnu želju i zaoštrila i raspalila nesreću.

Zatvorenici su natmureno ćutali.

Poravnali su se sa *kućama*. U prozorima je bilo već odviše mnogo svetlosti, i plavila je, škripala violina.

Besposlene žene su, u gomilama, trčale niz stepenice i nešto vikale i mahale rukama.

Jaki crveni fenjer izvanredno je osvetljavao njihova lica.

Mirisalo je na nešto sparno i gnojavo.

I oni, tako lepi i bogati, činili su se da su rođeni i najbliži.

– Smeće! – doleteo je do nas glas što se smejao: – Smeće!

Projurio je ekipaž – jedan i drugi. Kočijaši su se plašili. Prolaznici su na različite načine prolazili – i žaleći, jedva se krećući, i ubijeno, mašući rukama i klateći se, i besno, ali svaki njihov korak slivao se sa tvojim i, propadajući, činilo se otkida od tvog srca komadić.

Šišteći kao da draži, prominuo je tramvaj dupke pun plave vatre.

Palili su fenjere.

Iz dućana je iskočio dečačić, gurnuo pratiocu vezu bajatih đevreka i šmugnuo nazad. U prozoru se bradati starac zasenio velikim krstom i strogo vavoljio usne. Starica prosjakinja drhtavom rukom tutnula mi je u ruku kopejku, prekrstila se i bolno odšepala: sina se setila! Ulica, izrastajući u slobodu, u život, kakav smo mi nekad hteli da živimo i živeli smo iz dana u dan, vukla je svu dušu.

„Nije li svejedno? – mislilo se. – Da, nije svejedno!"
– kao da je šaptao neko sa ulice, i vikao iz svakog kamena visokih, utopljenih vatrom zgrada, i mučio okovanu ruku.

I sloboda i nemaština iznicali su pred očima, i snovali su raspojasane dane.

Najposle smo stigli do železničke stanice. Stanica je bila bela, hladna i komešava. Novi blistavi vozovi, ogromni, zagaravljeni dimnjaci.

Odvojeni pratiocem od sveta mi smo posedali na samom kraju platforme.

Ariška grize šećer, njena se njuška razvlači u široki osmeh.

I odsečeni, drugi, tuđi onom svetu što se rašetao negde tu pokraj nas, mi smo se osećali kao slobodni, kao u svojim uglovima, dobroćudno ispijajući čaj, jednu čašu za drugom.

– Vaska, a Vaska, koji je vrag tebe poterao? – lukavo namigujući, obraća se dečaku sav naoštren i uoprežen begunac sa *Sokolina*.

– U Ameriku! – sramežljivo odgovara Vaska.

Svi zatvorenici dobro znaju šta je i kako sa Vaskom. Pričao je Vaska o Americi hiljadu puta, ali svi su prisluškivali. I ostaće neshvatljivo kako to da Vaska ide sa njima, živi sa njima, jede sa njima.

– Ah, ti, ugursuze, u Ameriku! Vi'š kud mu se prohtelo, bitangi! – izazivaju Vasku.

– Do Jeljca sam dobazao – počinje Vaska – a tamo su me uhvatili i kažu: „Ko si ti?" A ja kažem: „Iz sirotišta sam." A oni: „Kako si stigao ovamo?" A ja: „U Ame-

70

riku." Zatim... – Tad je Vaska odlomio komad zemičke i, natrpavši puna usta, nastavio: – Zatim u zatvoru kažem nadzorniku: „Hteo bih da jedem, čiko!" A on: „Pričekaj!" – kaže. A okovani su zemičku dali, napojili čajem, jedan, ćelavi, kaže: „Hoćeš da ti jaje ispečem!..."Ja ću još zemičku da uzmem! – i nanovo proteže malu, prljavu ručicu, i Vaska dahće i u slast maže.

– Pa kako si pobegao?
– U Ameriku.
– I nisi se izgubio?
– Ne! – oteže Vaska i zamisli se: – „U Ameriku – kaže nadzornik – u Ameriku bežiš, kučkin sine!..." Ja ću još zemičke uzeti!

Vaskino crnpurasto lice sija toplom svetlošću, i njegovo istrzano, preplašeno srce skače u namučenim grudima.

Odjednom, s oštrim zviždukom i bukom, šišteći i kišući vrućim čeličnim šapama, doleće voz i zaljulja se, presavijajući dugačak, raskošan rep.

I najednom se nešto preseklo, i krik se meša sa ravnodušnošću, i vrela tuga dopuzila je i liznula srce ledenom žaokom, i nešto što se oteglo, potmulo i bezizlazno zavirilo je pravo u oči svojim crvenim neumoljivim okom.

– Na mesta! – viknuo je sprovodnik.

5

U BOLNICI

Ležim u bolničkoj sobi. Soba Kub. sadr. vazd. 7st. 11 ret.

Lampa gori.

Kako je ogromna i nakazna moja senka!

Van zatvora, na reci, parobrod je propevao.

Pišti ventilacija, tiktaču časovnici u hodniku.

Po vratima se prokradaju seni...

Lampa se magli. Neko kao da se nadneo nad mene, gura u nos vatu i hropće...

Na plafonu se zgušnjava crna mrlja.
Pašće mrlja i ja ću se sliti sa njom.
– Ko je to, ko lupa?
– Strpljenje... strpljenje... – odgovara otegnuti jecaj.
Zuji muva.
– Da – da – da – da... – brzo odobravaju časovnici.
Najveći je podvig u strpljenju.
– Zatvorite prozorče! Duva. Letom je hladno. Ma zatvorite prozorče!
Na žutim stenama prljava gnezda stenica.
Ovde je besplatno čaščavanje: ovde možeš da jedeš koliko u sebe možeš da natrpaš.
– Zašto me gušite? Šta sam vam uradio? Šta hoćete od mene? Sve ću ja, sve, sve da zgnječim. Zacrveneće se crvena mrlja, svu zemlju će prekriti!
– U radnu četu ideš, svlači se, skidaj čarape! – kao da mi viče nad samim uvom napukli vojnički glas, i bockavi brkovi dotiču mi obraz.
– U četu, čete... te!... te! – vuče vetar, rupivši kroz prozorče.
Neko se opet nadnosi nad mene, gura vatu u nos.
Vratima prilazi, šljapkajući čizmama od valjane vune, nadzornik.
– Ne idem, nikud ne idem!
– Idem, idem! *Najveći podvig je u strpljenju...* – jeca neko sa vetrom.
Trepće lampa.
I vatra beži iz sobe.

6

KUTIJA SA CRVENIM PEČATOM

Mir s tobom, kutijo sa crvenim pečatom!
Do poslednjeg dana putešestvija ti si sačuvala gordost i nepristupačnost, ti si pobedonosno završila dug i tegoban put.
Kakve si samo ukusne zaslatke nosila!

– Kutija sa *pečatom!* – ponosno sam govorio.

I glave načelnika sa strahopoštovanjem priklanjale su se pred tobom i njihovi prsti – skloni radoznalosti – nisu smeli da te darnu. A mene su cimali i razgledali. Ali škljocao je katanac. Bili smo sami. Lupkajući, negde hodaju. Drema sunčani *zvrk.* I ti se otvaraš. Papirosa za papirosom – dim u celoj tamnici.

A sećaš li se, go golcijat stajao sam na hladnom podu. I vređajući me i zadevajući se nada mnom, pretresali su me. Ti si sa zelene čoje nadmeno posmatrala naokolo.

I zatim, obazrivo, obema rukama uzeo te je *starešina,* iskolačio oči i, kao svetinju, držeći te pred sobom zaputio se iz ćelije. Za tobom su mene vodili, grmele su sablje.

– Nema ih! – šapnuo sam.

I ti si se otvorila i preda mnom se pojaviše hartija i olovka.

Kada smo zajedno izašli na slobodu, ti si se tresla od smeha svim svojim nitima nad ovim svetom, gde tako visoko poštuju crvenim žigom... *poslastičara.*

Mir s tobom.

Meni je tako teško bilo i strašno zbog sveta i zemlje i duše čovekove.

Deo treći

U CARSTVU POLUNOĆNOG SUNCA

1

Stojim na merdevinama.
Daleko nad rekom rasula se noć, poslednja letnja.
– I zašto te volim, svetla noći!
Poput niske ide i upije se u srce ono što se hiljadu
puta ponovi.
Mesec širokim, gustim mlazem pada u reku. I utrkujući se jure mali srebrni mlazevi i, stižući jedan drugog,
izvijaju se u iskovanu traku.
Tamo, napred, za mene je poput ostrvlja – tamo je
nešto ostavljeno i poleglo u sneg, a iza otkinuto i obamrlo.
Laki vetar, jedva čujan, donosi tutanj. I pričinja se
tuga u buci letnje, severne noći što se plavi.
– Nalevo, kuda voziš, nalevo! – povika komandir.
– A-ah – odgovorili su sa dereglije.
– Nalevo, ako treba, hvataj uže, a ono odbij se, zaokreni, šta znam!
– A-ah! – odgovorili su sa dereglije.
Polako i spokojno teče reka, samo kraj točka parobroda dižu se talasi i, odbijajući se, udaraju o obalu.
Iz dimnjaka izleću crvene varnice – krilate, crvene
ribice – i raspršuju se.
Rasplamsavaju se zvezde.
– *I što te ja volim, tiha noći!*
– Nadesno, napred! – viče komandir.

— De-vet, de-set... — odgovaraju sa dereglije.
I otegnuto i bučno zapeva parobrod.
Uzdrhtala je šuma, uzdrhtale obale i gromoglasno
odgovorivši na zov, potonuli su u san.
Nešto je strašno nahrupilo u noć i grunulo u grudi.
Zatreptale su vatre pristaništa.

2

Veje sneg.
Hrli u bele prozore mećava i lupa.
A još juče je živeo različak, žnjeli su raž.
Za jednu noć!
Seda reka se zamrzava, drhtavo plešu talasi.
Slušaš vejavicu, ćutiš, ježiš se od hladnoće.
Već nema puta. Sneg, pokopaju, pevaju nad tobom.
Viče mećava, peva:
— Izlazi — izlazi! Pevaćemo, poletećemo na slobodu!
Nema kod vas toplote! Nema kod vas svetlosti! Ovde je
vatra! Život gori! I plamsajući, belosnežne, kovitlamo se
bez sna. Izlazi — izlazi! Pevaćemo i sagorećemo u beloj
vatri. Svi, koji lete, svi se sakupljaju, da odletimo dale-
ko, daleko. Niko neće videti. Niko neće saznati. Snegom
ćemo zauzeti, vetrom zavejati, poljupcem zagušiti. Pe-
smu ćemo tebi pevati!
— U našem carstvu...
— Mi smo beli, noću crni. Pevaćemo i letećemo, ne-
ćemo umuknuti. Srebrom su otkane naše odežde, gore
dragulji. Srećni smo, čisti, istrajni. Terajući — mi šibamo
i bijemo, a dočekujući, mi kidamo. Nema nam časa.
Skriven je od nas sat. I sa osuđenih ne skidamo proklet-
stvo. Srce će naše tući beznadno, neveselo, beznadno.
— U našem carstvu...
— Mi smo beli — noću crni. Toplotom ne odišemo.
Imamo oštre zube i jake kandže. Već je skoro čas, velika
tiš se spušta na zemlju, dolazi gorka pečal i teskoba. Bli-
ži se čas, velika tiš se spušta na zemlju, i postaće zemlja

jedan grob – krvavi krst. Mi ćemo belim pokrovom pahuljastih krila pokriti zemnu krv!

– U našem carstvu...

– Mi smo drugi, ni crni, ni beli – mi smo besmrtni. Ponoć ide. I prokleto srce zanosom otaljeno, kida se i jeca. Koprcamo se, koprcamo tugom, fijučemo, gorčimo se, ne znamo put. A ti kome život nije lep neka nas zovu da tugujemo njihovu tugu. Tuga suzu ne ispušta.

– U našem, carstvu...

– Sluti, dojuri srce. Pa šta! Mi ćemo rasterati neprijatnost, očarati, mi ćemo zapevati u svitanje sa tri zvonka glasa, pogubićemo tugu u polju, u šumi. Sunce, zvezde, mesec, zabravite nebeskim ključem zmiju! Mi ćemo ti olakšati bol!

– U našem carstvu...

– Mi nismo ni bele, ni crne, ni besmrtne, mi smo od čelika, kaljene. Ničega se ne bojimo, ni muka, ni ispita, mi same ispitujemo. Za nas nema nepogode, niko nas ne može ustaviti. Sretnemo i bacimo na nedaću, sretnemo – rastavimo, pustimo u polje. Eh, vi, ljudi, samotari kukavni!

– U našem carstvu...

– Jaki smo u ognju, nećemo uzdrhtati. Povešćemo kolo i letećemo širokim poljem. Smrt je s nama. Eno maše izmršavelom rukom kano kosom! Tuk i kuc, vlasnica smrt! A nama svoja sloboda šeće!

3

Zelenkasta noć, oblačna, u treperavim oblacima.

Ne čuje se ni zvuk, ni glasak. Al' sve živi zavejano zelenkastom svetlošću.

I čini se proći će vekovi i ništa ni da šušne, niko da se glasne.

Bešumno se pridižu misli, idu i zamru, slivaju se sa zelenkastom svetlošću.

I ono što smo minut pre toliko želeli odmine.

S očajanjem dozivam ono što je preživljeno. Ali sve je umuklo i skriva se.

Pravo kroz prozor dolazi zelenkasto svetlo, ide i proniče u dušu.

Ne smrt, nema smrti u ovoj noći, postoji samo čudni život.

Zar nije takav večni život?

Polagano se upija zelenkasto svetlo, polagano omotava dušu.

4

Zdravo, Svrako!
Otkuda si doletela?
Pobelela ti je pregača... ili se zamrzo sneg.
Zašto, Svrako, mrzneš?
Ispod mog prozora nije toplo. Svrako, ti drhtiš?
Sakrij se pod krov, tu ćeš dočekati toplo. Ne mogu ti ništa dati.

Ti odavno tu živiš, posle duge zime oživiš i letiš, čim jedva prigreje prolećno sunce.

Svrako, reci mi, Svrako, kako ti podnosiš mraz? Nauči me, kao što učiš svoju decu... Svrako! ja se smrzavam.

5

U bledom svetlu što se topi tamna senka na doksatu.
U belom venčiću pliva mesec.
Sabite zvezde.
A duž šume sanjiv oblak, kao teška ženka, prolećna glasnica.
Škripi stari bor.
I najedared dozivanje pevaca...
I čini se negde već sunce poigrava i skače srce – glupa, mala zverka.

6

Labudi, beli labudi!
Iznova dolećete nama, niste zaboravili.
Od vašeg krika, od šuštanja krila zemlja zbacuje svoju belu šubaru.
Sećate se, vi ste odlazili i jurila vas je snežna vejavica.
Pratio sam vas.
Labudi, beli labudi!
Dani su prolazili u muku.
Mrgodni oblaci gazili su po srcu.
Labudi, kako visoko vi letite...
Kad bih ja mogao da poletim!...

7

GROBLJE

Blistavo sunce nestašno-plahovito diše na zemlju što se budi.
Nad glavom, u gustom, toplom plavilu, niska ptica.
Pod nogama jarko zeleni izdanci prvih travki.
A rečno carstvo – plavo polje, izbrazdano zlatastoizlivenim talasima, raste iz sata u sat i spušta se na obalu, osvaja ostrva, prilazi šumi i, usecajući se u šumske dubine, burno plovi međ starim, posedelim jelkama po škripavoj mahovini i medveđim tragovima. Pred veče, u crveno-purpurnoj zori, reka će osvojiti sve pruge, s kraja na kraj, preplaviće se u svetlocrvenoj kuli sunca, ispod njegove raznobojno oblačne krvi.
Svuda se takav diže život: i u mračnim, naherenim, dotrajalim kolibama, i na putevima – još vlažnim i glibavim, u dvorištima, i u mom srcu...
Ko je tu muziku razlio pod lazurnim svodom, što odzvanja prostranstvom duboke tuge – ko to gleda zaljubljeno svaku zemnu stopu?

Minuvši sivu, zatvorsku ogradu od kolja, umiljato polje ozimice, spustio sam se ispod brda i ušao u groblje.

Dočekao me je čitav cvetnjak krstova, veselo namigujući jedan drugom.

I mahovinasti, mrtvački kovčezi, kao starci, zaklanjali su se dlanovima od sunca, prižmirivši.

Podalje, na sveže žutoj humci, kraj usamljenog krsta od letvi, komešao se cvetnjak dečjih očiju, dečjih košulja, dečjih glava.

A na zelenom krovu bele crkve stara vrana, poput dadilje, čistila je nožicom svoj otupeli kljun.

I visoko, poviše crkve, poviše zvonika, šumeli su raskrošnjaveli kedrovi.

Zimzelena četinarska šuma svirala je na svojim mekim vlatima čudne pesme: i pogrebne, i obesne, i plačne.

Stojim ispod velelepnog kedra, osluškujem promenljivi šum glasova, što je preliven zarumenjenim zrakom zaduvanog sunca, zlatom kapljica-mlazova iz kojih su se rađali novi i novi životi.

Ili je to moja pesma?

Padaju krstače, poslednji spomen se meša sa peskom i tucanikom, a večno zeleni kedrovi, ne prestajući, šume i galame, kao ta deca – zeleni kedrovi...

Odsečno udaraju na zvoniku u malo zvono.

I kraj mene je žureći prošla žena crvenih obraza, u jarkoj, platnenoj haljini, gologlava, a na njenim rukama se ljulja beli sandučić od šindre sa detetom voštanog lica i poluotvorenim, željnim usnama.

– Hristos voskrese! Hristos voskrese! – izvikuju tanušnim glasovima deca poskakujući da dostignu sandučić.

Na zvoniku odsečno su zvonili u malo zvono.

Šumeli su kedrovi.

Izdaleka je dopirala buka razularene bujice.

8

DUGA

U gustom zagasitozlatnom vazduhu od samog svitanja lebdela je kapljica – ptica, boje jorgovana, bezbrižno, glasno pevajući svoju jednostavnu pesmu.

Neprekidno su lupkali nemirni maljevi.

Beličasti, razmaženi oblaci, koji su dremljivo brodili ka istoku, u podne su ispružili paperjaste ruke, uhvatili su se i, umiljavajući se jedan drugom, zaplivali.

Riknuli su silni, nemi smračeni oblaci otegnuto i prigušeno.

I pale su mirišljave kišne kapi. Onda su počele da padaju brzo i bučno.

To je Proleće išlo, duvajući u svoj jelenji rog – Proleće je išlo tragom nežnog stada jagnjadi što se razigralo. Proleće sa licem Bele noći, sa vencem belog cveća, šumskih jagoda, umotana od glave do nogu penušavom čipkom bledih mahovina.

– Kišice, kišice, prestani! Idemo u Aristanj: bogu da se molimo, krstu da se poklonimo! – izvikivala su deca, tupkajući bosim nogama i istežući pocrnele ruke pod kišne kapi što se smeše – prolećne nebeske cvetove.

Popeo sam se na visoku obalu sa strmom liticom nad stihlom rekom.

Greje umiveno, jarno sunce.

Kroz oblak što se topi useca se u reku široka duga – *Bik-Krava,* isterana na vodopoj posle duge zime, šareni *Bik-Krava* sa nebeskih polja.

Dole, ispod mene, kraj vrata stare-prestare kolibe što se ljulja, mokar ispod bujice, stoji, prislonivši se na naherenu izbu, beli Vodenjak, sav zarastao u mesečevu bradu, stoji Vodenjak u dugačkoj, beloj košulji, potpasan srebrnim prstenom, i ne skida pogled sa brze, jurcavog čamca, u kome sede dvojica Šumskih ljudi sa izvrnutim petama.

— Beli! — zvonko viče Šumski čovek, i nad njegovim bronzanim leđima što podrhtavaju izvija se srebrna ribetina.

— Stavi crve! — vrisnu drugi i zaklikta.

Brzi čamac odleteo je prema dalekom, poplavljenom ostrvu, dupke nabijen ženama u belim maramama što se naduvavaju, a vesla blešte-poigravaju pri zamahu; vesla su nalik na jedvičak poprskana krila galeba.

Šta je to?... I žalosni krik-odziv, i eksplozivan hohot i gunđava pesma što topće i poigrava?

To su — Šumske žene, osamljene, neutešni galebi što traže-lete, to su — deca što trče ko će pre po meko zelenoj bogazi, ogrezloj u rosi boje opala, to su deca što pužu i lete pod strminu prema tihoj, plavoj reci, to su — leptirovi, insekti, mravi, gusenice, u cvetnoj odeždi, sa šumom, zujanjem, blebetanjem, sa ptičjim lepetom.

Nečija kapa bućnula je u vodu.

— Ga! ha — ha... ha — ha — ha... — zahihotala je Avet.

I! Kakva buka, koliko raščupanih glava! Koliko pljuskanja, kristalnih kapljica, brzih suza...

A evo i kosmati Šumski duh sa licem boje jele.

— Zdravo! — ironično se smeškajući, stišće mi ruku, svojom, smolastom rukom.: — I ti si došao, da — da, a zimi nikad ne zaviriš, da — da! — I gega se Šumski duh dole prema reci, prema Vodenjaku.

Reka — nebo bezobalno čisto — i pliva i upokoji se.

Otići će zaboravljeni oblačci a da nisu uspeli da po zemlji raspu svoje lepetave kapljice, pašće dnevna temperatura, i reka će izgledati gušća i čamci što klize, poput oštronosih, crnih riba, počeće da ostavljaju plavkaste tragove kao da svojim kretanjem skidaju gusto, rumeno vrhnje.

A kraj neba i istok prekriće crveno-purpurna vunena tkanina i sazrevaće, rudeće dok ne dahne bela bez sumraka noć i ne zatreperi plavo ostrvce zrcalne vode, i tada će zapad da se slije sa istokom u dimljivom, gustom purpuru, i po celom nebu razbaškariće se malinasto-zlatasti zraci, i dukatzlatno sunce zirnuće na svet Božji.

Napred i nazad brzo jurca crni, uski čamac.
Šumski ljudi nagnuli su se preko boka čamca i izvla-
če iz reke ogromnu udicu sa panjem umesto plovka.
Iz niskog prozorčeta isturila je Baba svoje kvrgavo,
nagaravljeno lice, iskezila na sunce dugačke zube.
— Samo ti trči, cipele ćeš poderati, ni sedmicu ti neće
trajati! — gunđa starica na riđu devojku sa očima boje re-
ke.
A spremna na smeh unuka se zacenila, ne možeš je
primiriti.
Dečurlija jedno za drugim, jedno za drugim juri i
maše rukama, i viče, i dere se.
I među šarenim, brbljivim klupkom stojim i grejem
se, dišem — ne mogu se nadisati...
I osećam, evo, poneće me krila, i poleteću visoko,
prema dugi — prema *Biku-Kravi* nebeskih polja.

9

BELA GOŠĆA

Došla je pred noć, bleda i gladna, bela gošća. Usre-
dotočeno je pogledala u crveni zalazak.
I njeni saputnici — čelični vihori pustili se, sa vri-
skom, niz reku i niz polja. Razorali su reku, lomili šum-
sko drveće, izgazili travu.
Čuo sam kako je Proleće, smalaksalo, zakucalo na
moj prozor.
Nastala je tišina.
Odjednom je urlik presekao nebo.
Svu noć je mećava vikala, bacajući beli sneg.
Izjutra je provirilo sunce.
Zima je brzo-brzo igrala. A zajedno sa njom igrale su
zasnežene jelke. Izmučeni talasi zapljuskivali su obalu
sivom penom. Cvetovi cremže mešali su se sa snegom. I
praćeni zviždukom zviždali su konji na obali, iznenađe-
ni snegom.

Gde su ptice?
Ne čuju se petlovi.
Pada sneg, pada tiho.
Ne vide se obale, ne vidi ozimica.
Čelična reka spava, led po njoj pliva.
Uzbunjene ptice – nakostrešene sirotice.
I komarci su se smrzli.
Pada sneg, pada tiho.
„Ptice selice, cveće, poverljivo otvorivši svoje crve-
ne i bele glavice, gizdavi leptiri, u netaknutim haljinica-
ma, insekti, gusenice, crvi u svili, u atlasu, majušnim
oklopima – zašto ste oživeli, što ste nam doleteli?"
Pada sneg, pada tiho.
A gde ste vi, deco?
I samo kukavica, tugujući za mnom, kuka.

10

BELA NOĆ

Ceo vidik je tamnocrven, obrubljen purpurni pokri-
vač. Iza reke – u njenom nežnom svetlu rodiće se zora
zaljubljenih – patnjom svetlucaju zelene jelke.
Nebo je – grotlo žute, guste boje.
Izorana polja.
Nikla je ozima. I kao u skrivalicama, poigravaju raz-
ličci.
Preplavljeno širokom bujicom sada je ostrvo nagi-
zdano, vretavom mahovinom i runolistom.
Teška, bakrena tišina.
Stalo je vreme.
Ponoć sa podnevom se sašaptava.
Ceo horizont je grimiznocrven, plamsaju dve zore,
bez ikakvog straha.
Noćni leptiri se razmahaše, lete na svetlost sveće.
Lete i vuku za mene: zlatno-rumenkasti oblačak, plavu
mrežu prolećnog vazduha, dijamantski trag poljubaca

rose, gunđavu dugu pene, žamor stabla, iščezle misli onih što su se smrzli...

„Brže, živite! Isušiće vas znoj, iskvasiće kiše, sneg će staviti prepreke!"

Rude, šire se odvažne zore. Leluja se nepotrebna sveća.

Noćni leptir leti prema meni, na svetlost.

Zapevao je petao.

Zora – vatra. Prozor gori.

Bela noć!

11

IVANJDAN

Na razne načine izbije smeh: ovde nekoga golicaju, i neko, zaduvavši se, pokušava da govori, i smeh – jecaj, i srebrne kapljice zvonkih zvukova iz širom otvorenih usta.

Ispred svih Stjopka, okruglast, u crvenoj košulji.

Stjopka je stao. Iz njegovih nasmejanih usta blista jedini mlečni zub.

Stjopka me viče – njegove paperjaste ručice čvrsto stišću, istrven različak.

I zatapkao je – trči.

Poskakujući za njim tanušna, crnoputa Manjka u plavoj haljinici sa svežnjem deteline, dežmekasta Nastja, raščupana, u crvenoj bluzi, sa zlatastim maslačcima, prćasta Aljonuška u bluzici boje jorgovana, sa ocvalim ljubičicama, vriskava Kaća, sva pocrnela, sa jagodama, belkasta Tanja sa granom divlje ruže i Vanjka i Koljka...

Venci – venci cveća!

A pozadi baba Vasiljevna u ispranoj marami, tamnoj, boje duvana. Obično veliko gunđalo, a sada dobra. Bezuba usta razišla su se sve do ušiju, prestalo je njeno večno: „Tiše, tiše, nevaljalče, išibaću te, samo pokušaj!"

U rukama Vasiljevne *venac* dopola od žutih cvetova lokvanja.

Kao da ogromni buket cveća tkaju deca, kreću se putem prema reci.

Kroz otvoreni prozor uleće komarac. Komarci su svugde: pod plafonom, u uglovima, ponad glave. Komarci pevaju svoju prodornu, beskonačnu pesmu u jednom tonu.

A nebo i reka – nepokretni: mora biti da se odmaraju. Sunce je tako visoko: čas je iza sedam neba, čas je gnjurnulo, zbog vrućine, negde pod vrbe i sedi tamo, mazi se u umiljatoj prohladici.

Kraj doksata, zabivši njušku u seno, spava – podrhtava konj. Do maločas su ga deca milovala, podvlačila se pod njega i čistila mu rep i grivu.

Stjopka kaže: „Konj ujeda!" A konj nema ni zube...

U bledo zelenom istresenom senu proviruju izgužvani lokvanji, kao žute ptice.

Lahor pokošenog pašnjaka. Pljusak belo plavog talasa što osvežava.

Kudravo kuče Lajka, oštrih ušiju, pratilo je dečurliju, zevnulo je i, savivši se u klupko, zadremalo kod brvna: ceo bogovetni dan se najurcaš, a uveče opet treba da kevćeš.

Nigde nikog, svi su na reci. Sada vence u vodu bacaju – na Ivanov dan.

Najednom bledo lišće blesnu ispred mene i nestade.

– Paranjka, jesi li ti? – pozvao sam devojčicu.

I velike, svetle oči su me pogledale, žalosteći se na nimalo dečji, već paćenički način.

Priljubivši podbradak na prozorsku dasku obamrla je devojčica u svojoj ispranoj, plišanoj bluzici i čizmama od valjanog sukna.

Na glavi marama boje kovilja, a lišce bolesno belo.

– Što nisi sa decom pošla? I cvetova nemaš...

Paranjka se ispentrala na prozor i, pošto je sela, počela je da klati nogom. I gledala je negde, kao da gata, gledala je tamo, iza reke i šume.

A pre je bila tako vesela devojčica.

— Uzeću te, Paranjka, sa sobom, pričekaj malo, kada istekne progonstvo uzeću te i odneti, ni jednog čoveka nema daleko — daleko, i niko te neće uvrediti, naći ću takvo mesto na zemlji.

— Uplašila sam se! — zašapće najednom devojčica, suvo, samo usnama, i sva se skupila, a rukama je šćepala prozorsku dasku, kao da se približava sudnji čas, i već je hiljadu ruku sa svih strana lupa po leđima, i u grudi, i hiljadu glasova sa hihikanjem i hohotanjem truju nju, i nije bilo na zemlji mesta gde bih mogao da je sačuvam.

Nekakva ptica, spustivši se na brvno, vrteći uznemireno glavom, usamljeno je kreštala.

— Uplašila sam se! — šaptala je Paranjka i najednom, kao mačka, skočila sa prozorske daske i nestala iz vidnog polja.

Na pragu stoji gost.

Njegove mutne, patničke oči kao da su tražile.

Pozdravivši se, Ivan Stepanovič je zabacio skutove i seo. Prevrćući po džepovima, on je izvadio komad kosti, zatim je zabio ruke dublje, izvadio bočicu, skinuo zapušač i sipao na dlan pregršt sivosijuckavog peska.

— Evo — rekao je tiho — dijamantski, mora biti. Čitavu noć sam kopao, zagnjurio sam u pravu dubinu, nalazište dijamanata.

Gledao me je upitno, u očima se topila strašna tuga, a strah mu je širio zenice.

— Neispran, očigledno — odgovorio sam, ne gledajući.

Gorko i prezirno gost je iskrivio usne.

— Nalazište, kažem, samorodnih dijamanata, evo šta! — i, uzevši komadić hartije, sipao je na njega malo peska. — Možda je sačuvan neki pud i tvog, neispranog.

I gledao me je gordo i snishodljivo.

Zatim je uzeo zarđalu, pozelenelu kost.

— A ovo je kljova prepotopskog mamuta. Ta vidiš trag kako se naslaga odvojila?

I počeo je podrobno da mi priča o svojim istraživanjima, kako noćima na obali sedi, kako obalu prekopava.

– Ne daju mi *oni* da živim: juče, evo, *belo* se nešto primiče i komarci pevaju, strašno.

Ćutke sam razgledao zlatni pesak i mamutovu kost.

– *Oni* sve znaju – nastavio je Ivan Stepanovič – znaju i osećaju. I snaga je u tome što osećaju. A šta smo mi? Znamo malo, a još manje osećamo. Daj mi samo vremena, ja ću se zagnjuriti u dubine, naći ću ja to mesto u reci.

Iza zlatne, izrezbarene obale spustilo se u grimiznu reku tromo prateći gusto omreženo crvenim kamenjem – sunce.

Zamišljeni crni oblaci i crveni oblačići, kao da razmišljaju, vukli su se i nagomilavali na njegovom tragu.

Negde iza reke, kraj rasplamsale vatre, zakevtao je pas tiho i besmisleno.

I namrgođena, dremljiva šuma upiljila je svoje, stalno otvorene, noćne oči.

Turobni mesec, ostavljen od svoje svetlosti, polako je isplivavao u belu noć na krst zvonika.

Ivan Stepanovič i ja zaobišli smo breg i spuštali smo se prema obali.

Rekom su plivali venci i *metlice* dopola od žutih cvetova lokvanja, plovili su u Studeno more, mudro – srećni.

A u susret su nam toptala – jurila deca. Njihova usplamtela lica su se smejala, a ispred dece, pritiskajući ruku na grudi i priklonivši glavu prema zemlji, trčala je izmorena Paranjka.

Deca su vikala:

– Sedi pacov! Sedi pacov!

I oštar kamenčić skliznuo je mojim grudima.

Baba Vasiljevna jedva se vukla, ali je bila dobra, po svoj prilici, još bolja: njena metlica nije potonula.

Išli smo svojim putem prema reci.

Iza dece je ostao stub prašine. Mesec je bio negde poviše krsta, svakog minuta njegov se lik topio i žalostio se od bronzane svetlosti zore koja obgrljuje.

– Evo, tu je – šapnuo je Ivan Stepanovič, izvukao je ispod skuta venac i, pokazavši na tamnu vodu vira što podrhtava, bacio ga: – Za tebe, za tvoje zdravlje!

I venac se zavrteo, počeo da iskače, zatim se sakrio u dubini i iznova isplivao. Moj venac je isplivao i iščezao.

Iz žbuna gledale su me velike, svetle oči, žalosteći se na nimalo dečji, već paćenički način, izmorene Paranjke.

I tamo su se gomilali, kao da razmišljaju, crni oblaci i crveni oblačići, praskom neme, nestrpljive uvrede treskali su suvi blesci.

I bila je tišina naokolo, pred grmljavinu.

12

SEVERNI CVETOVI

Tvrdokorni plavun svojim bodljikavim, divljim šapama spušta se na tamno zelene, velepne grudi lišaja.

Grubi vres, bestrastan, kao starac, stoji kraj uzglavlja.

Suši se jelenja mahovina, tužno uzdišući, kada se, sve od smaragda, penje zeleno rastinje.

U bronzanim šlemovima, rudeći, skladno idu oblaci vojske kukavičjeg lana.

A naokolo, poput paperja severnih ptica, bledo zelena mahovina.

Iz močvare kao zmija izvija se linija, obgrljuje šumske gorostase i, provlačeći se prema starim stablima, truje izdanke.

Poput skupocenog tepiha, bledopurpurnog, kao isprskanog krvlju, po blatu se raširila mrtva mahovina, koja je budila želje da legneš i zaspiš zanavek...

Miris truleži i gnjileži, kao paučina, pokriva crte otrovne, pune smrti.

Zbogom, mećavo, i ti šumo, i vi, vihori! Neću vas više videti, neću više čuti vaš glas. U zatočeništvu kod vas proživeo sam sam.

Bleda slana brokata ležala je na cvetovima, jesen je išla rekom, penila plavu vodu i bacala po žutim putevima crveno lišće. Nisu uspeli pšenicu da sklone, dojurila je zima sva u paperjastim pahuljicama.

Reka se ututkavala u led da zimuje. I beli krov pokrio je moju kuću. Noću su izazivale mećave, noću je tišina plašila. Nikog ne možeš dozvati u zimsko vreme!

U bele noći padao je sneg tiho. Leto je prošlo. Već su gnezda pusta. Sazrela je močvarna kupina i poljski grozd.

Uskoro će jesen.

Zbogom, mećave, i ti, šumo, i vi, vihori!

Neću vas više videti, neću više čuti vaš glas. U zatočeništvu kod vas proživeo sam sâm.

TAJNA KALIGRAFIJE ALEKSEJA REMIZOVA

> Moj život u književnosti trajao je
> kroz bol, treba li to tako reći?
> A život završavam u krugu nepri-
> mećenih. Mene svi znaju, ali šta sam
> uradio, ko to zna?
>
> *Aleksej Remizov*

Razlog što je opusu Alekseja Mihajloviča Remizova poklonjena „plava trava zaborava", a autor uveden u viteški red neprimećenih veličina, možemo tražiti na drugoj strani, a ne u delu istog pisca, koji je posvete na njima ispisivao kaligrafskom rukom.

Prvu priču je sastavio, prema kazivanju svoje dadilje, o požaru u selu, u svojoj sedmoj godini. Rođen je u Moskvi, u porodici zografa i uresivača otmenog nameštaja, 1877. godine, a smrt ga je otrgla od rukopisa i crteža, već obnevidelog, 1957. godine u Parizu.

Odlaskom u Berlin i nastanjivanjem u Parizu počeo je i zaborav Alekseja Remizova. Iako je do 1921. godine, kada je Remizov otišao da traži svoju brezu u Parizu, isti pisac objavio četrdesetak knjiga i dobio, recimo, nagradu „Zlatno runo" za pripovetku „Đavolče". Izdavačko preduzeće „Sirin" iz Peterburga objavilo je 1910–1912. godine njegova dela u osam tomova. Ali njegova dela nisu u Sovjetskom Savezu preštampavana sve do 1987. godine, kada se pojavio jedan izbor. Sećanje na Remizova sačuvali su njegovi dužnici, stvaraoci na koje je uticao, kao što su Ilja Erenburg i Valentin Katajev. Govorilo se o osobenjaštvu autora proze „Đavolče", njegovom majmunskom carstvu u koje je primio viđenije spisateljske glave od Aleksandra Bloka i Maksima Gorkog do „Serapionovske braće", od kojih pomenimo Vsevoloda Ivanova i Mihaila Zoščenka. Veliki i slobodni majmunski senat (iliti skraćenica na ruskom Obezvolpol), čiji je kancelar i njegov inicijator bio Aleksej Remizov, bilo je tajno društvo nepoznatog porekla, a cilj mu je bio slobodno izražena anarhija. Takođe su kružile priče o đavolčićima koje je stari osobenjak pravio da bi ih naselio, u obliku lutana od hartije i vate u svojoj radnoj sobi, a ujedno njima ukrasio svoj fantasmagorični svet.

Taj svet odneo je sa sobom u dobrovoljni egzil Aleksej Remizov, o čemu svedoči Ilja Erenburg u svom memoarskom delu *Ljudi, godine, život* i Natalija Kodrjanska u knjizi *Aleksej Remizov* koja je objavljena 1954. godine.

Remizov nije imao nikakve sukobe sa vlastima i o svom izlasku iz zemlje imao je običaj da kaže: „Ne znam kako se to desilo." Studijski boravak njegove žene Serafime Pavlovne Remizov-Dovgelo u Parizu bio je samo povod da zauvek ostane u egzilu, i pri tom ne izneveri zvanje najruskijeg ruskog pisca.

U emigraciji je objavio pedesetak knjiga i njegova zaostavština, koju je Remizov zaveštao Puškinovom domu pri Akademiji nauka u Moskvi, ima desetak rukopisa i dvadesetak svezaka snova, zatim množinu crteža u koje je najlepše mogao da stane san. Sticajem okolnosti, jedno od njegovih dela je na ruskom ugledalo svet upravo u Beogradu 1929. godine, proza *Na krovnom vencu*[1].

Jedan od nesporazuma, koji su se jatili oko našeg pisca, je i prethodio nastanku lirskog romana „U zatočeništvu". Remizov je bio uhapšen u studentskim demonstracijama 1896. godine i policija ga je proglasila „agitatorom". Usledila je kazna zatvorom i pisac dospeva u specijalnu ćeliju „pugačovku", koja je, po predanju, bila napravljena za Pugačova. U ćeliji gde je jedini prozor bio zamračen odsedeo je čitavu godinicu, čitajući *Hamleta* i jednu brošuru Lenjina. Zatim je usledilo progonstvo u Penzu, a zbog bolesti očiju prelazi u Vologdu, gde upoznaje Serafimu Dovgelo, koja je takođe bila u izgnanstvu.

---

[1] Isidora Sekulić je prva prevela Remizova u časopisu „Ruski arhiv". Dosad su od istog pisca prevedene pripovetke „Tmina", autobiografski roman *Ribnjak,* dva kraća romana „Sestre po krstu" i „Sat", ogledi „Oganj stvari" i, u istoj ediciji, dve duže pripovesti „Peta čuma" i „Neumorni def".

U svojim zabeleškama Remizov podvlači da je sve što piše ispovest. Ali, veli, nju valja preneti „pripovedački", po unutrašnjem pozivu.

U docnijoj trilogiji *Podrezanim očima,* kao i u ovoj prozi, Remizov iskazuje svoje majstorstvo da u samom grotlu običnosti pronađe iskorake fantastike. Robijaški okov je nalik oknu u svet nerazumljivog. Neuki svet otkriva svoju pometenost na svakom koraku kao da se upleo u paučinu tamničke jave. Ispovedni ton upravo je, u ovom slučaju, preveden u jaču gamu, nepredvidive očekivanosti. Poetski pasaži su tu da dopune sliku ljudske preiskušnje, stradanja koje okrojavaju sudbinu i ukucavaju svaki dan.

Prozne minijature, objedinjene naslovom „Zakovrnute česti", otkrivaju naklonost pisca da oneobiči prizor samo jednim, ili sa više izmeštanja. Igrivost, koja se iskazuje u svakom predlošku zbivanja, nabijena je i humornom sačmom. Impulsi i povodi, koje ovaj majstor preuzima od svakodnevice, kao da dobijaju, u kratkim proznim obrtima, boju neobjašnjivog. Realnost tako postaje basamak koji ne može da preskoči krilo fantastike. A to umeće upredeno je u delo Alekseja Remizova i kad se lati bajke, ili pripoveda život sivih ljudi, činovničke gube, i kad u ispovesti krije sve ono što se narojilo u stvarnosti, oko skuta neobjašnjivog. U tom prepletu života i ispisa, sa svim grbinama nepredvidivog, bez ustupka i popusta banalnom gradio je svoje delo Aleksej Remizov. Mimo sveta i veka i uprkos ostalima, pa čak i svojim nedoslednim sledbenicima. Možda je do nesporazuma sa njegovim delom došlo zato što nije činio ustupke i nije bio sklon da se pokloni i prikloni „opštem mestu" – sestri banalnosti.

Slavko Lebedinski

SADRŽAJ

KRATKE PRIČE 5

U ZATOČENJU 47

Slavko Lebedinski: Tajna kaligrafije Alekseja Remizova . 91

Izdavačko preduzeće
RAD
Beograd, Moše Pijade 12

*

Glavni urednik
JOVICA AĆIN

*

Za izdavača
ZORAN VUČIĆ

*

Lektor
BOJANA STRUNJAŠ

*

Tehnički urednik
ĐURO CRNOMARKOVIĆ

*

Korektori
NADA GAJIĆ
BOJANA STRUNJAŠ

*

Nacrt za korice
JANKO KRAJŠEK

Realizacija
ALJOŠA LAZOVIĆ

*

Priprema teksta
Grafički studio RAD

*

Štampa
ZUHRA, Beograd